einfach lesen!

Kick it like Beckham

Ein Leseprojekt
zum Jugendbuch
von Narinder Dhami
in der Übersetzung von
Anne Braun

erarbeitet von
Cornelia Witzmann

Illustrationen von
Dorina Tessmann

Cornelsen

einfach lesen!

Originalausgabe:
Narinder Dhami: „Kick it like Beckham“
Lizenzausgabe mit freundlicher Genehmigung:
Als Ravensburger Taschenbuch Band 58209 erschienen 2005. Die Originalausgabe erschien 2002 bei Hodder Children’s Books, London, England unter dem Titel „Bend It Like Beckham“ © 2002 Bilb Productions Limited (Drehbuch) © 2002 Narinder Dhami (Roman) © 2005 für die deutsche Textfassung Ravensburger Verlag GmbH. Basierend auf der Übersetzung von Anne Braun.

Foto S. 100: © privat
Umschlaginnenseite: Appicon: Cornelsen/Inhouse/Anne Weingarten;
Handy-Rahmen: Shutterstock.com/Pavlo S, Tastatur: Shutterstock.com/Monory

Redaktion: wortfischen – sylvia gredig, Köln
Umschlaggestaltung: Corinna Babylon, Berlin
Layoutkonzept: klein & halm, Berlin
Layout und technische Umsetzung: PER MEDIEN & MARKETING GmbH

Begleitmaterialien zu einfach lesen! Kick it like Beckham
Zusatzmaterial für Lehrkräfte 1100033172

www.cornelsen.de

1. Auflage, 2. Druck 2025

Alle Drucke dieser Auflage sind inhaltlich unverändert
und können im Unterricht nebeneinander verwendet werden.

Druck: AZ Druck und Datentechnik GmbH, Kempten

ISBN 978-3-06-061083-9

PEFC-zertifiziert
Dieses Produkt stammt aus nachhaltig bewirtschafteten Wäldern und kontrollierten Quellen
www.pefc.de
PEFC/04-31-2260

Inhaltsverzeichnis

Partnerarbeit

Gruppenarbeit

Klassengespräch

Audio Höre den **Text** in der App.

Kapitel 1:
Tagtraum und größter Wunsch

Audio

„Oh, da kommt der Ball, auf den Beckham [sprich: Bäkhäm] gewartet hat. Ein wunderbarer Schuss! Doch da kämpft sich Bhamra vor. Was für ein Kopfball von ihr … und … und … TOR!“ Die Zuschauer jubeln. „Ein Tor von Jess Bhamra! Der Torwart hatte keine Chance! Ist Jess Bhamra der neue Star im englischen Fußball? Darüber sprechen wir im TV-Studio, denn da wartet auch schon Jess Bhamras Mutter auf uns … “

MUM?! [Mam] *Verschwinde aus meinem Tagtraum!*, dachte ich.

„Mrs. Bhamra, Sie müssen stolz auf Ihre Tochter sein!“, sagte der Moderator in meinem Tagtraum.
„Nein ganz im Gegenteil!“, kreischte Mum. „Ich finde es schrecklich, dass sie mit diesen Männern herumrennt. Und dabei siebzigtausend fremden Menschen ihre nackten Beine zeigt! Sie bringt nur Schande über unsere Familie.“

Da wurde die Tür meines Zimmers aufgerissen.
„Jesminder, hast du mich nicht gehört?“, fauchte Mum. Sie blickte anklagend zuerst auf den Fernseher, dann auf mich. „Fußball hin oder her! Morgen ist die Verlobungsfeier deiner Schwester und du sitzt hier rum!“ Sie schaltete den Fernseher aus.
„Oh, Mum, Beckham wird gleich ein Tor schießen!“, rief ich. Doch das interessierte Mum nicht. Wie immer.
„Komm sofort nach unten!“, befahl sie. „Deine Schwester wird gleich verrückt.“
Meine Schwester Pinky ist sowieso ziemlich verrückt und jetzt, so kurz vor ihrer Hochzeit, drehte sie total durch. Nicht einmal in meinem Zimmer hatte ich meine Ruhe. Es war genau nach meinem Geschmack eingerichtet. Überall waren Bilder von David [Däiwitt] Beckham. Mein Manchester-United-Shirt [Mäntchester-Juneitett-Schört] mit der Nummer 7 hing ebenfalls an der Wand. Beckham war mein großes Idol. Auf dem Spielfeld ist er ein Gott. *Niemand* kickt wie Beckham.
Betont langsam ging ich nach unten. Pinky war im Flur.
„Stell dir vor, Teetus [Tietus] bescheuerte Schwester kommt in Pink zur Verlobung“, brüllte sie. „Das heißt, ich kann meinen rosafarbenen Sari vergessen!“

„Oh, nein, Mum“, stöhnte ich. „Muss ich schon *wieder* einkaufen gehen?“ Die Vorbereitungen für die Hochzeit nahmen kein Ende.

Später stapfte Pinky über den Southall Broadway [ßausoall Broadwäi], als würde er ihr gehören. Meine Schwester liebt Einkaufen. Sie schleppte mich von einem in den anderen Laden. Plötzlich stieß mich Pinky in die Seite und sagte: „Schau Jess, da kommt dein Freund.“ Tatsächlich kam Tony auf uns zu, zusammen mit seiner Mutter und voll beladen mit Einkaufstüten. Ich kenne Tony seit Jahren und mag ihn sehr. Aber nicht so, wie ihr vielleicht denkt. „Mach’s kurz“, zischte mir Pinky ins Ohr. Tony tat etwas schüchtern. Es war ihm peinlich, mit seiner Mum zusammen gesehen zu werden. „Möge Gott dir und deinem zukünftigen Ehemann ewiges Glück schenken“, sagte Tonys Mutter zu Pinky. „Und betet für mich, dass auch Tony so viel Glück hat und ich eine so entzückende Schwiegertochter bekomme!“ Tony wäre am liebsten im Boden versunken. „Wie lief es in Biologie?“, wollte Tony von mir wissen. Wir hatten gerade die Abschlussprüfungen geschrieben. „Hoffentlich kriege ich eine Eins“, sagte ich seufzend. Mum und Dad hatten Großes mit mir vor. Nach der Schule sollte ich Jura studieren. Ich hatte bisher keinen Einspruch erhoben, denn eigentlich wusste ich nicht, was ich wirklich wollte. Außer Fußball spielen. Und daraus kann man keinen Beruf machen. Zumindest nicht als Mädchen … „Kommst du gleich noch in den Park?“, fragte Tony mich.

„Ich werd's versuchen", versprach ich ihm. Kicken war genau das, was ich jetzt brauchte. Als Tony und seine Mutter davongingen, stieß Pinky vor einem Schaufenster einen Freudenschrei aus und zeigte auf einen Sari in Lila. „Komm mit, Jess! Das ist er!" Entschlossen zog sie mich in den Laden. Nach dem Einkauf wollte Pinky noch zur Kosmetikerin und ich machte mich auf den Heimweg. Der Abstecher in den Park war nur ein kleiner Umweg. Ehrlich! Tony und die anderen spielten schon. Ich zögerte, dann rannte ich zu ihnen aufs Fußballfeld und war auch schon im Ballbesitz. Ich stoppte den Ball, machte einen Übersteiger – und Taz [Täß] war ausgetrickst. Keine Ahnung, warum mein Gehirn hundertmal schneller als sonst arbeitet, wenn ich spiele. Ein herrliches Gefühl!

Die Verlobungsfeier am nächsten Tag war nicht so schlimm, wie ich befürchtet hatte. Die Männer trugen Anzug und Krawatte, sogar Tony. Die Frauen glitzerten und funkelten wie Weihnachtsbäume. Mein blauer *Shalwaar Kameez* [Salwar Kamiß], das knielange Kleid mit dazu passender Hose, war das unauffälligste Modell. Pinky saß neben Teetu, ihrem Verlobten. Sie wirkte nervös, aber glücklich. „Bald bist du an der Reihe Jesminder", sagte eine Tante. „Willst du einen rasierten Mann wie Pinky oder einen mit Vollbart und Turban?" Ich will gar nicht heiraten, dachte ich. Es gab doch noch andere Dinge im Leben als Heiraten, oder? Fußball, zum Beispiel.

Fortsetzung folgt

1. Die Hauptperson der Geschichte „Kick it like [leik] Beckham" heißt mit Spitznamen Jess. Wie lautet ihr vollständiger Name? Schreibe ihn auf. Tipp: Lies noch einmal die Seiten 5 und 6.

____

2. Jess' Familie lebt in England in der Stadt London. Sie hat Wurzeln in einem anderen Land. Welches ist es? Bringe die Buchstaben in die richtige Reihenfolge.

d i l n e n ____________________

3. Jess hat einen **Tagtraum**, in dem ihr **Idol** vorkommt. Was ist was? Schreibe das richtige Nomen in die Erklärung.

Ein ________________ ist ein großes Vorbild,

das man hat.

Ein ____________________ ist wie ein Traum,

nur dass man nicht schläft.

4. Im Tagtraum stellt sich Jess vor, dass ihre Mutter von einem Reporter befragt wird:
   - Was fragt der Reporter? Markiere blau.
   - Was antwortet die Mutter? Markiere grün.

5. Pinky feiert **Verlobung**.
Das ist das gegenseitige Versprechen, einander zu heiraten.
Was trägt Pinky, was trägt Jess bei der Feier?
Tipp: Lies noch einmal Seite 8.
a) Ergänze die Namen.
b) Male die Kleider in den richtigen Farben aus.

________________ trägt einen Sari.

________________ trägt einen Shalwaar Kameez.

6. Jess' Idol ist **David Beckham**.
a) Recherchiere zu dem berühmten Fußballspieler.
b) Schreibe eine Überschrift und fünf Sätze in dein Heft.

7. Im Fußballsport gibt es Fachwörter.
a) Sucht dieses Fachwort im Kapitel und markiert es: **Übersteiger**.
b) Was bedeutet das Fachwort? Sprecht darüber.
Tipp: Ab Seite 103 findet ihr eine Fachwörter-Liste.

Haltepunkt: gemeinsam arbeiten

1. Das Buch heißt „Kick it like Beckham“ und ist im Jahr 2005 erschienen:

- Könnt ihr den Titel übersetzen?
- Was wisst ihr über Beckham?
- Warum ist Beckham für die Hauptperson wichtig?

2. Jess lebt im Londoner Stadtteil Southall.

a) Schaut euch diese Karte an. Markiert:

- Wo ist sie mit Pinky unterwegs?
- Wo ist sie danach?

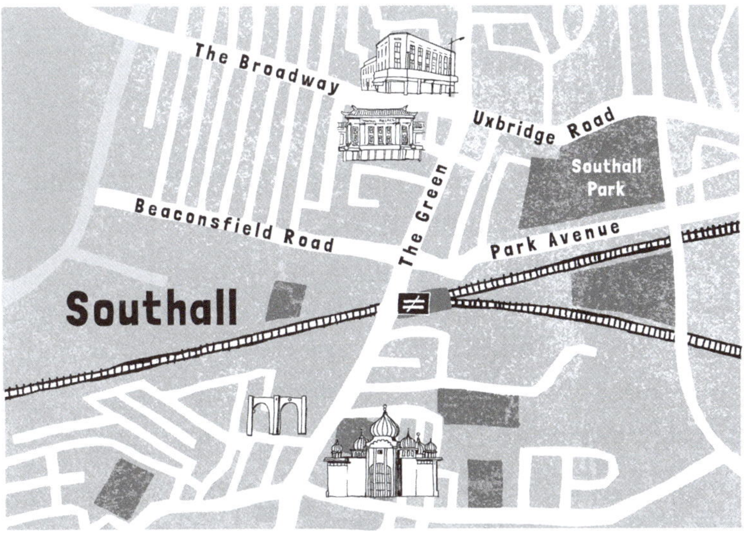

b) Informiert euch im Internet über den Stadtteil Southall:

- Gebt die Suchworte **Southall London** ins Suchfeld ein.
- Notiert die Informationen auf einem extra Blatt.
- Präsentiert eure Ergebnisse.

3. Jess' größter Wunsch ist es, Fußballerin zu werden. Deshalb träumt sie sogar am Tag davon. Jess träumt auch, was ihre Mutter dazu sagt.
   a) Schreibt auf, was die Mutter im Tagtraum sagt.
   b) Was scheint die Mutter vom Fußballspielen zu halten? Warum könnte sie so denken? Notiert Stichpunkte.

4. Sprecht über eure Ergebnisse von Aufgabe 3.

5. Die Eltern sind glücklich, dass Pinky heiratet. Auch für Jess' Zukunft haben sie bestimmte Vorstellungen:
   - Was erwarten die Eltern von Jess?
   - Was denkt Jess selbst?

6. a) Baut nun ein passendes Standbild zur Situation. Bildet dazu eine Vierer-Gruppe.
   b) Entscheidet, wer wen darstellt: Jess, Vater, Mutter.
   - Wie stehen die Eltern und Jess zueinander?
   - Wie ist ihre Körperhaltung?
   - Wie ist ihr Gesichtsausdruck?
   c) Baut das Standbild auf.
   d) Eine oder einer macht Fotos vom Standbild. Druckt das beste Foto aus.

7. Was könnten die Eltern und Jess in der Situation sagen? Schreibt für jeden ein Schild. Zum Beispiel:
   Ich bin Jess, ich weiß noch nicht, was ich werden möchte. Ich will ...

8. Hängt die Fotos und die Schilder in der Klasse auf: Passen sie zur Situation? Warum oder warum nicht?

Kapitel 2: Bin ich gut genug?

Audio

„Wow!“ Ich rannte über den Rasen und boxte vor Freude in die Luft. „Was für ein Tor!“

Gerade hatte ich mit dem rechten Fuß einen harten Ball geschossen, der zielsicher am Torwart vorbei ins Netz donnerte. Taz und Gary [Gärie] ärgerten sich, während Tony und ich jubelten.

Wir stellten uns gerade wieder auf, um neu anzufangen, als ich auf einmal ein Mädchen auf mich zukommen sah.

Das Mädchen lächelte mich an und sagte: „Hi."

„Hm … Hi!", erwiderte ich.

Es war groß und dünn, hatte kurze, blonde Haare und trug eine Trainingsjacke und Shorts.

„Das war spitze!", sagte das Mädchen begeistert. „In welchem Verein spielst du?"

Mir verschlug es vor Überraschung die Sprache. Unsicher blickte ich zu Tony, doch der war genauso baff wie ich. Die anderen Jungs lachten über die Frage bloß.

„Verein?", meinte Taz grinsend. „Wie wäre es mit Southall United Sari Team **[ßausoall Juneited Sari Tiem]**?"

Das Mädchen beachtete seine alberne Bemerkung nicht, sondern sagte: „Ich spiele in der Frauenmannschaft der Hounslow Harriers **[Haunsloa Herrias]**. Wir trainieren gerade für das kommende Sommerturnier. Willst du nicht mal zu einem Probespiel kommen?"

Es war mir völlig neu, dass es in der Nähe überhaupt eine Frauen-Fußballmannschaft gab.

„Glaubst du wirklich, ich … bin gut genug?", stammelte ich.

Das Mädchen nickte. „Ja, ich hab dich hier schon ein paarmal gesehen. Du spielst echt gut. Die Entscheidung liegt natürlich bei unserem Trainer."

„Das klingt super, Jess!", rief Tony begeistert.

„Ich bin Jules **[Dschuhls]**", sagte das Mädchen jetzt und reichte mir die Hand.

„Jess", stellte auch ich mich vor.

Die Jungs sollten ruhig lachen. Jules fand mich gut genug, um in einer richtigen Mannschaft zu spielen. Das war die lang ersehnte Chance **[Schangse]**, endlich etwas anderes in meinem Leben zu machen!

Kapitel 2

Am nächsten Tag stand ich am Spielfeld und versuchte, das alles zu begreifen: Die Frauenmannschaft spielte auf einem richtigen Sportplatz mit Flutlicht und Eckfahnen, mit Umkleideräumen und Zuschauertribünen. Hier gab es Mädchen, die Fußball genauso ernst nahmen wie ich und im Moment hier auf dem Platz trainierten. Sie sahen ganz unterschiedlich aus. Manche Mädchen waren groß und schlank wie Jules, andere eher kräftiger und muskulös. Ein paar Schwarze waren dabei, aber ein indisches Mädchen sah ich nicht. Vor Aufregung schlug mir das Herz bis zum Hals. Ich würde diese große Chance nicht vermasseln. Aber zuerst musste ich den Trainer überzeugen. Von Jules wusste ich, dass der Trainer Joe [Dscho] hieß. Ich hatte den Eindruck, dass es ihm überhaupt nichts ausmachte, der einzige Mann zu sein. Und im Übrigen sah er gar nicht schlecht aus.

„Auf welcher Position spielst du normalerweise?“, fragte er mich.

„Normalerweise spiele ich auf dem ganzen Feld, aber rechts im Sturm bin ich am besten.“

„Na schön, dann zieh deine Fußballschuhe an.“

Ich erschrak. „Oh, ich hab keine.“

Ich befürchtete, dass er mich nun wegschickte.

„Dann komm und mach so bei den Aufwärmübungen mit“, sagte Joe stattdessen.

Ich war etwas nervös, als ich mich zu den anderen Spielerinnen stellte. Sobald ich den Ball zwischen den Füßen hatte, war mein Lampenfieber weg.

Ich wich geschickt zwei Gegnerinnen der Abwehr aus und machte meinen berühmten Übersteiger, dann hatte ich freie Bahn aufs Tor.

„Gib an Jules ab!“, hörte ich Joe brüllen.

Ich schoss den Ball quer durch den Strafraum, und sie beförderte ihn mit einem seitlichen Schuss ins Tor.

„Klasse!“, rief Joe.

Nach dem Spiel war ich so aufgeregt, dass mir ganz schlecht war. Ich hatte gute Torvorlagen geliefert, aber selber kein Tor geschossen.

Joe nahm mich zur Seite.

Er sagte: „Du bist das erste indische Mädchen, das ich Fußball spielen sehe.“

Ich lächelte verlegen. „Ich wusste nicht, dass es hier eine Frauenmannschaft gibt.“

„Das ist allein ihre Schuld“, sagte Joe und zeigte auf Jules. „Als ich noch gespielt habe, hat sie ständig hier rumgehangen und gejammert, weil es für sie keine Mannschaft gab.“

„Joe konnte nicht mehr spielen, weil sein Knie kaputt war. Dann hat er eine Mädchenmannschaft aufgestellt und ist seitdem unser Trainer“, erzählte Jules. „Also, was ist, Joe?“ Sie legte mir den Arm um die Schultern. „Hat sie den Test bestanden?“

Ich platzte fast vor Spannung.

„Sind deine Eltern einverstanden?“, fragte Joe.

„Klar, sie sind ganz cool“, log ich. Nie im Leben würde ich ihm die traurige Wahrheit gestehen.

„Gut, dann kannst du wiederkommen. Aber ich muss jetzt los, ich hab schließlich auch noch einen richtigen Job!“

Joe ging zum Vereinshaus.

Ich sah Jules, die kaum die Augen von Joe lösen konnte. Ehrlich gesagt, konnte ich es verstehen. Er war wirklich ein cooler Trainer.

Jules strahlte mich an. „Hey, er mag dich. Er hat gesagt, du kannst wiederkommen!“ Jules grinste. „Wie lange spielst du schon?“

Ich zuckte mit den Schultern. „Oh, schon ewig, aber noch nie so richtig. Immer nur im Park.“

„Echt wahr?“, Jules lachte. „Ich möchte eigentlich Profispielerin werden.“

Vor Überraschung klappte mir der Unterkiefer runter.

„Wow! Geht das überhaupt? Ich meine, als Frau …?“

„Klar.“ Jules nickte. „Nicht hier, aber in Amerika. Dort haben sie eine Profi-Liga.“

„Im Ernst?“ Das war ja unglaublich. Frauen können professionell Fußball spielen? Mit einem Mal kam mir der Plan, Anwältin zu werden, noch uninteressanter vor als bisher. Hat Jules Glück!, dachte ich neidisch. Ihre Eltern mussten voll und ganz hinter ihr stehen, wenn sie sie zum Spielen nach Amerika gehen ließen.

Auf einmal bekam ich ein schlechtes Gewissen. Ich selbst wusste noch nicht einmal, wie ich meinen Eltern die Sache mit der Frauen-Fußballmannschaft erklären sollte …

Fortsetzung folgt

1. Ein Mädchen spricht Jess im Park an.
   Wie heißt es? Kreuze ein.

   ☐ Julia ☐ Jana ☐ Jules ☐ Jessica

2. Das Mädchen und Jess unterhalten sich.
   Wovon hat Jess noch nie gehört?
   Ergänze die Denkblase.

   Es gibt eine ______________________________

   ______________________________ in der Nähe.

3. Wie heißt die Mannschaft für Frauen? Unterstreiche.

   Harrier Hounslows Hounslow Harriers Hatties Harriers

4. Jess spielt in der Frauenmannschaft.
   Sind die Sätze richtig oder falsch?

	richtig	**falsch**
Der Trainer der Mannschaft heißt Joe.	☐	☐
Jess trägt neue Fußballschuhe.	☐	☐
Sie findet Joe, den Trainer, cool.	☐	☐
Jules will nach Amerika und Profispielerin werden.	☐	☐
Es gibt zwei indische Mädchen in der Mannschaft.	☐	☐

5. Jess' Eltern wissen noch nicht, dass Jess in einer Frauen-Fußballmannschaft spielen kann. Wie könnte Jess es ihren Eltern sagen?

stellt euch vor – einmalige Chance – größter Wunsch – Bitte, ...

Schreibe in die Sprechblase, was Jess sagen könnte.
Tipp: Die Wörter und Wortgruppen können dir helfen.

Mum und Dad,

6. Jess ist vor dem Probetraining zuerst sehr nervös, man kann dazu auch Lampenfieber sagen. Sprecht über diese Fragen:
   - Wann geht Jess' Lampenfieber weg?
   - Hattest du schon mal Lampenfieber?
   - Und was hilft dir, damit es weggeht?

7. Im Kapitel gibt es weitere Fußball-Fachwörter.
   a) Sucht diese Fußball-Fachwörter und markiert sie: **Sturm, Abwehr, Profispielerin.**
   b) Was bedeuten die Fachwörter? Sprecht darüber.

Kapitel 3: Das erste Training

Audio

„Hier!“ Joe drückte mir ein Paar Fußballschuhe in die Hand. „Sie sind zwar nicht mehr ganz neu, aber ihren Zweck werden sie schon erfüllen.“

Ich konnte mir ein Grinsen nicht verkneifen. Es waren meine ersten richtigen Fußballschuhe. Und hoffentlich nicht die letzten ...

„Danke“, sagte ich und nahm sie strahlend entgegen.

„Und hier die anderen Sachen“, fuhr Joe fort und drückte mir ein Mannschaftstrikot und eine kurze Sporthose in die Arme.

Mit den anderen zusammen wärmte ich mich auf. Zuerst machten wir Sit-ups [ßitt-aps]. Danach stellten wir Hürden auf, und Joe ließ uns mit geschlossenen Beinen darüber springen. Nach ein paar weiteren Aufwärmübungen trainierten wir mit dem Ball. Wir mussten uns nebeneinander aufstellen und in einer Reihe über den ganzen Platz dribbeln, ohne mit jemandem zusammenzustoßen. Danach übten wir flanken wie Beckham. Ich hatte schon viele Videos von Beckham gesehen und sie immer wieder angeschaut, um seine Technik genau zu studieren. Wir beendeten das Training mit einem kurzen Match [Mätsch], und diesmal schoss ich selbst ein Tor und lieferte Jules zwei gute Vorlagen.

Nach dem Training kam ich in absoluter Hochstimmung am Park vorbei, wo die Jungs wie üblich spielten. Ich rannte zu ihnen und strahlte über das ganze Gesicht. Tony begrüßte mich mit einem bewundernden Blick. „Wow, Jess! In diesem Trikot siehst du wie ein Profi aus!“ Ich machte einen Satz nach vorn und schnappte mir den Ball. Allerdings wurde ich unsanft abgebremst, als Taz mich von hinten griff und hochhob. Ich lachte mit den Jungs, bis ich Tonys Blick sah. Er starrte an mir und Taz vorbei. Die Jungen hörten auf zu lachen und Taz ließ mich los. Meine Mutter stand auf dem Weg neben dem Rasen, eine Tüte Lebensmittel in der Hand. Sie sah aus, als wollte sie mir bei lebendigem Leib die Haut abziehen.

Kapitel 3

Zu Hause stellte sich Mum vor das Bild von Guru Nanak im Wohnzimmer und rang die Hände.

„Dieser Junge hat seine Arme um dich geschlungen. Er hat deine nackten Beine angefasst!“ Mum durchbohrte mich mit vorwurfsvollen Blicken. „Du bist kein Kind mehr, Jesminder, begreifst du das denn nicht?“

Ich saß wie ein Häufchen Elend neben meinem Vater auf dem Sofa.

„Jessie, jetzt wo deine Schwester verlobt ist, ist alles anders geworden. Du weißt ja, wie wichtig unseren Leuten ein guter Ruf ist“, sagte mein Vater.

„Sie heiratet, nicht ich!“, wehrte ich mich. „Und außerdem spiele ich sowieso nicht mehr mit Jungs.“ Vielleicht würde sie das beruhigen.

„Ich spiele jetzt in einem Mädchenteam. Sie wollen, dass ich bei richtigen Spielen mitmache“, sagte ich.

Mum und Dad tauschten entsetzte Blicke aus.

„Welche Familie will schon eine Schwiegertochter, die den ganzen Tag übers Fußballfeld rennt, aber keine runden *Chapatis* backen kann? Ich will, dass du endlich lernst, ein *Daal* zu kochen!“

„Aber ...“, stammelte ich hilflos.

Abwehrend streckte Mum beide Hände aus. „Das war mein letztes Wort! Kein Fußball mehr!“, rief sie.

Ich sank in mir zusammen und konnte es nicht glauben.

„Jessie, deine Mutter hat Recht“, sagte Dad verlegen.

„Fußball schickt sich nicht für Mädchen und Frauen. Du musst anfangen, dich wie eine anständige junge Frau zu benehmen.“

Jeder Widerspruch war zwecklos. Meine Fußballkarriere war zu Ende, bevor sie überhaupt angefangen hatte.

Kapitel 3

„Es ist so gemein, Tony!“ Ich zerknüllte mein feuchtes Taschentuch und wischte mir über die Augen.

„Ein *Daal* kann jeder kochen, aber wer kann schon einen Ball so schießen wie Beckham?“

Tony musterte mich nachdenklich. „Warum spielst du nicht einfach weiter, ohne es deinen Eltern zu sagen? Wenn sie es nicht wissen, regen sie sich auch nicht darüber auf“, sagte er.

Da kam Jules auf uns zugerannt, rasch wischte ich mir noch einmal über die Augen. „Hi Jules!“, rief ich so fröhlich, wie ich konnte. „Das ist Tony. Tony, das ist Jules.“

„Hi“, sagte Tony und lächelte sie an. „Jess gehört neuerdings zu euch, wie ich höre.“

„Oh ja, wir alle setzen große Hoffnungen in sie“, sagte Jules lächelnd. „Besonders ich.“

„Meine Mutter hat mir verboten zu spielen“, gab ich nun doch leise zu.

„Was?“ Jules klang entsetzt. „Hör mal, meine Mutter war auch immer dagegen, dass ich Fußball spiele. Aber das darf man nicht so einfach schlucken!“

Ich blinzelte. „Meinst du?“

Jules nickte. „Meine Mutter ist davon überzeugt, dass ich ein halber Junge bin. Dauernd versucht sie, mich in Girlie-Klamotten zu stecken. Ach, komm, Jess, du kannst mich nicht einfach im Stich lassen“, sagte Jules.

„Joe hat mir erzählt, dass demnächst ein Amerikaner zu einem Spiel kommt, der besonders gute Spielerinnen sucht, ein Talentscout [Talentskaut]. Sag deiner Mutter doch einfach, dass du einen Sommerjob hast. Du arbeitest mit mir im Musikgeschäft HMV.“

Fortsetzung folgt

1. Joe gibt Jess Fußballkleidung. Was gibt er ihr?
   Schreibe auf die Linien.
   Tipp: Lies noch einmal Seite 20.

2. Zum Training gehören verschiedene Übungen.
   a) Lies die Texte und sieh dir die Bilder an.
   b) Was gehört zusammen? Verbinde.

Sit-ups sind eine Übung für die Bauchmuskeln. Dabei richtet man den Oberkörper im Liegen auf.

Wenn der Ball beim Laufen am Fuß mitgeführt wird, nennt man das **dribbeln**. Es ist eine Grundtechnik im Fußball.

Flanken ist eine Schusstechnik mit dem vorderen Innenfuß. Dabei fliegt der Ball dann weit in einer Kurve. David Beckham war berühmt für seine Flanken.

3. Jess' Mutter entdeckt ihre Tochter beim Fußballspielen im Park.
Was denkt sie wohl? Schreibe in die Denkblase.

____

____

____

4. Später beklagt sich die Mutter über Jess.
Was soll Jess endlich lernen? Ergänze den Satz.
Tipp: Lies noch einmal Seite 22.

Jess soll lernen, *Daal*, ein indisches Linsengericht,

zu ____________________ und *Chapati*,

indisches Fladenbrot, zu ____________________.

5. Der Vater gibt der Mutter Recht. Was sagt er noch?
a) Markiere es auf Seite 22.
b) Wie findest du, was der Vater sagt?
Schreibe auf die Linien. Begründe deine Meinung.

____

____

6. Tony und Jules raten Jess, heimlich weiter Fußball zu spielen. Jules rät sogar zum Lügen.
Was wird Jess tun? Und wie geht es dann für Jess wohl weiter? Sprecht darüber.

Kapitel 4:
Nur Fußballspielen

Audio

Ich schlug die Haustür hinter mir zu und rannte zu dem Busch vor dem Haus, unter dem ich am Vorabend meine Sporttasche versteckt hatte. Das ging nun schon seit einer Woche so. Mum, Dad und Pinky dachten, ich arbeite bei HMV, doch stattdessen war ich mit den Harriers auf dem Sportplatz. Ich kam mir echt mies vor, weil ich lügen musste und hatte auch panische Angst, dass ich gesehen wurde. Aber ich spielte nur Fußball und versuchte, mich zu verbessern. Und ich wurde von Tag zu Tag besser.

Joe war ein fantastischer Trainer. Es war unmöglich, bei ihm nichts zu lernen. Je länger ich mit ihm trainierte, umso sympathischer wurde er mir. Joe arbeitete mit Jules und mir hart, aber wir drei hatten auch viel zu lachen. Ich bemerkte, dass Jules ständig mit ihm zu flirten versuchte. Joe musste das auch mitbekommen, ließ sich aber nichts anmerken. Ob er wohl auch ein bisschen in sie verliebt war? Keine Ahnung! Aber es ging mich ja auch nichts an.

Es kam der erste Tag des Sommerturniers. Endlich ging es um etwas *Richtiges*. Als ich dann auf dem Spielfeld stand, war alles plötzlich so klar. Den Harriers beizutreten, war das Beste, was ich in meinem bisherigen Leben getan hatte. Adrenalin schoss durch meinen Körper, als der Ball zum Anspiel in den Mittelkreis gelegt wurde. Ich war wild entschlossen, mein Bestes zu geben. Das gegnerische Team war stark und wir brauchten eine Weile, bis wir durchkamen. In der zweiten Halbzeit passte Jules mir den Ball zu und riss eine Lücke in die Verteidigung der Gegnerinnen. Ich rannte los und donnerte den Ball ins Netz. Eins zu null! Mein erstes Tor in einem richtigen Spiel! Vor lauter Aufregung schlug ich mehrere Räder hintereinander. Joe grinste mir zu und strahlte vor Stolz. Als wir das Spiel schließlich zwei zu null gewannen, spürte ich, dass es keinen Weg zurück mehr gab. Ich wollte unbedingt weiter Fußball spielen, auch wenn ich dafür lügen musste.

Die nächsten Wochen gingen so weiter. Jules nahm meine schmutzige Wäsche mit und ich versteckte meine Sporttasche unter dem Busch vor dem Haus. Wir gewannen alle weiteren Spiele der Vorrunde des Turniers. Die meisten Tore schossen Jules und ich. Zum Glück fiel keinem in meiner Familie auf, dass ich mit Geld genauso knapp dran war wie vor meinem „Sommerjob“, den es ja nicht gab. Mit Mum kam ich jetzt besser aus als früher, weil ich endlich bereit war, mir von ihr das Kochen beibringen zu lassen. Alles lief bestens. Meine Eltern waren zufrieden, meine Mannschaft war zufrieden und ich war glücklich. Es war einfach zu schön, um wahr zu sein.

Eines Tages sprach mich unsere Torwartin im Umkleideraum an. „Stimmt es, dass deine Eltern keine Ahnung haben, dass du den ganzen Sommer über schon bei uns spielst?“
Ich zuckte mit den Schultern. „Ja, stimmt. Sie glauben, dass ich einen Sommerjob habe. Indische Mädchen dürfen nun mal nicht Fußballspielen“, versuchte ich, ihr zu erklären.
„Ganz schön altmodisch, oder nicht?“, meinte eine andere Spielerin.
„Na ja, aber das ist nicht nur bei indischen Familien so“, merkte Jules an. „Überlegt doch mal, wie viele Leute zu unseren Spielen kommen …“
„Bist du eigentlich schon einem Mann versprochen?“, kam die nächste Frage.
„Nein“, antwortete ich. „Meine Schwester heiratet bald, aber es ist eine Liebesheirat.“

Kapitel 4

„Ah, du kannst dir dann auch selbst aussuchen, wen du heiratest? Kann das auch ein Weißer sein?“, fragte unsere Torwartin.

Ich schüttelte den Kopf. „Weiß, nein. Schwarz, ganz sicher nicht. Es muss ein indischer Mann sein.“

Die Mädchen sahen mich geschockt an.

„Du wirst also einen indischen Mann heiraten“, sagte Jules und stopfte unser Sportzeug in ihre Tasche.

„Es ist mir unbegreiflich, wie du dich damit abfinden kannst“, sagte eine Mitspielerin.

Ich zuckte mit den Schultern. „So ist unsere Kultur nun einmal. Außerdem finde ich es besser, als mit Jungs rumzumachen, die man sowieso nicht heiraten will. Wozu soll das gut sein?“

Alle brachen in lautes Gelächter aus.

Beim Rausgehen fragte mich Jules: „Wann kaufst du dir endlich ein paar anständige Fußballschuhe? Du wolltest doch solche haben wie ich, speziell für Frauen.“

„Hm, sie sehen ziemlich teuer aus“, sagte ich unsicher, überlegte aber sofort, wie ich das Geld dafür sparen konnte. Doch erstmal beeilte ich mich, nach Hause zu kommen.

Zu Hause fragte mich meine Mum: „Wo ist Pinky? Sie wollte dich von der Arbeit abholen.“

Mir drehte sich der Magen um. Ich suchte noch verzweifelt nach einer Notlüge, als sich die Haustür öffnete.

Pinky schaute mich vorwurfsvoll an.

Würde sie mich verraten?

Fortsetzung folgt

1. **Jess tut so, als würde sie arbeiten.**
   Tatsächlich geht sie zum Fußball.
   Was fühlt Jess, weil sie ihre Eltern belügt?
   Kreise ein.

   die Wut die Scham die Zufriedenheit die Angst

2. **Was denkt Jess am Anfang auf dem Spielfeld?**
   Ergänze die Denkblase.
   Tipp: Lies noch einmal Seite 27.

   Den Harriers beizutreten, war das ________
   ____
   ____
   ______________________________.

3. **Bei Spielbeginn merkt Jess das Adrenalin im Körper.**
   a) Lies den Sachtext über Adrenalin. Audio

Adrenalin

Wenn ein Mensch etwas **Aufregendes** erlebt, wird **in seinem Körper** Adrenalin produziert. Adrenalin sorgt zum Beispiel dafür, dass das Herz schneller schlägt, die **Muskeln besser durchblutet** werden und die Augen **besser sehen**. Es macht **wachsamer** und gibt **Kraft**.

   b) Erkläre mit eigenen Worten, wobei das Adrenalin Jess hilft. Schreibe in dein Heft.
   Schreibe zuerst die Überschrift auf.

4. Jess kommt nach Hause. Die Mutter fragt, wo Pinky ist, sie sollte Jess bei der Arbeit abholen. Da kommt Pinky zur Tür herein. Wer denkt wohl was? Schreibe in die Denkblasen.

5. In der Umkleidekabine versucht Jess zu erklären, warum sie manches nicht darf, was andere Mädchen dürfen. Sie erklärt es mit der indischen Kultur ihrer Familie.

   a) Was bedeutet **Kultur**? Schreibe die Erklärung in dein Heft ab.

Audio

Kultur

Wir nennen es Kultur, wie Menschen ihr Zusammenleben gestalten und welche Regeln, Traditionen und Bräuche sie haben.

   b) An welche Regeln soll Jess sich halten? Ergänze die Sätze. Tipp: Lies noch einmal die Seiten 28 und 29.

Ihre Familie will, das Jess als indisches Mädchen

nicht ____________________ spielt.

Sie darf nur einen ______________________________

heiraten.

6. Sprecht über diese Fragen:
   - Wie findet ihr die Regeln der Familie?
   - Warum bringen sie Jess in Schwierigkeiten?

7. Im Kapitel gibt es weitere Fußball-Fachwörter.

   a) Sucht diese Fußball-Fachwörter und markiert sie: **passen, Halbzeit, Verteidigung.**

   b) Was bedeuten die Fachwörter? Sprecht darüber.

Kapitel 5: Erwischt

Audio

„Pinky, warum hast du deine Schwester nicht von der Arbeit abgeholt?“, fragte Mum. „Ich war dort, aber sie sagten, ich hätte sie knapp verpasst“, antwortete Pinky, während sie mich mit Blicken durchbohrte. Ich war gerettet – vorläufig.

Mum ging in die Küche, um Tee zu kochen.

„Also“, flüsterte Pinky aufgeregt. „Wer ist es?“

Ich blinzelte sie verwirrt an. Eigentlich hatte ich erwartet, dass sie mir Vorwürfe machen würde.

„Bitte verrate Mum und Dad nichts“, flehte ich sie ängstlich an. „Es ist kein Junge, ich spiele in einer Frauenmannschaft Fußball.“

Ungläubig riss Pinky die Augen auf. „Oh nein, das ist ja schlimmer, als ich dachte.“ Sie packte mich am Arm. „Verdammt, was ist nur mit dir los, Jess?“, zischte sie. „Wenn du schon lügen musst, dann wenigstens für etwas Sinnvolles!“

Zum Glück klingelte in diesem Moment die Schneiderin, die für die Hochzeitskleider bestellt war, an der Haustür.

Pinky würde nie begreifen, warum ich hinter dem Rücken unserer Eltern Fußball spielte. Hauptsache sie hielt dicht.

Während Pinky mit der Schneiderin alles Nötige für den Hochzeits-Sari besprach, überlegte ich, wo ich Geld für richtige Fußballschuhe herbekommen konnte.

Dann war ich an der Reihe.

Ich sollte bei der Hochzeit zum Empfang einen *Sari* und danach einen *Kameez* tragen.

Da kam mir eine Idee.

„Mum, bei zwei Kleidern brauche ich auch zwei Paar Schuhe“, sagte ich.

„Unsere kleine Jesminder kommt langsam auf den Geschmack“, sagte Mum zufrieden.

„Ein Paar kann ich von meinem Lohn bezahlen. Aber für das andere Paar bräuchte ich etwas Geld.“

Mum nickte begeistert. „Du kaufst ein weißes und ein schwarzes Paar, das passt dann zu allem.“

Kapitel 5

Ein paar Tage später rief Jules: „Das sind die Richtigen!“ Sie zeigte auf ein Paar schwarz-weiß-rote Fußballschuhe. Ich war aufgeregt. Wie eine richtige Fußballspielerin kam ich mir vor. „Okay, die nehme ich“, sagte ich zur Verkäuferin. Meine ersten eigenen Fußballschuhe!

„Jetzt habe ich aber nur noch 15 Pfund übrig und muss noch ein paar Schuhe für die Hochzeit kaufen!“

Jules führte mich zu einem Geschäft in der Nähe.

„Der Laden sieht billig und scheußlich aus“, sagte ich kichernd. Die Schuhe waren tatsächlich billig. Ich kaufte ein Paar für 13 Pfund 99.

„Komm, wir trinken noch etwas!“, sagte Jules und zeigte auf einen Pub [Papp].

„Ich kann in das Lokal nicht rein“, sagte ich nervös. „Ich habe Angst, dass mich jemand sieht.“ Ich schaute mich um, aber es waren keine Inder da.

Jules schleppte mich in das Pub und holte uns Cola. Sie war echt cool und wirkte so selbstsicher.

„Wann kommt eigentlich der amerikanische Scout, der neue Talente sucht?“, fragte ich.

„Keine Ahnung! Aber hoffentlich bald. Weißt du, was mich wirklich ärgert, Jess? Weibliche Spielerinnen haben hier keine Chance. Stell dir vor, die Nationalmannschaft der Frauen in Amerika ist in einen Streik getreten und hat verlangt, dieselbe Bezahlung zu bekommen wie die Männer.“ Jules grinste mich an. „Und weißt du was? Sie haben gewonnen!“ Dann schaute sie finster. „Und hier bei uns? Eine Frau aus der englischen Mannschaft muss nebenher Taxi fahren, um sich das Fußballspielen leisten zu können. Kannst du dir vorstellen, dass Beckham zu so etwas gezwungen wäre!?“

Ich schüttelte den Kopf.

„Mia Hamm [Hämm], eine Amerikanerin, wird sehr gefördert und verdient dadurch Millionen. Und mit ihr möchte ich auf einem Platz stehen“, sagte Jules ernst.

„Hast du ein Glück!“, sagte ich und beneidete sie glühend. „Ich darf nach der Schule nicht einmal von zu Hause ausziehen. Ich soll hier in London Jura studieren.“

Jules blickte mir in die Augen. „Willst du das wirklich?“

„Mum, sie ist zurück!“, rief Pinky.

Mein Plan, ungesehen ins Haus zu schleichen und meine neuen Fußballschuhe zu verstecken, war hiermit gescheitert.

„Jesminder ...“ Mum blickte mich prüfend an. „Komm mal her und zeig die Schuhe!“

„Nein, nicht ... jetzt!“, stotterte ich. „Ich möchte sie euch erst mit den Kleidern vorführen.“ Ich lief die Treppe hoch, kam aber nur bis zur Hälfte. Pinky rannte mir nach und riss mir die Tüte aus der Hand.

Mum öffnete den ersten Schuhkarton und holte die schwarzen Halbschuhe heraus. „Kein Absatz?“, rief sie empört. „Wie soll denn da dein Sari fallen?“

Dann öffnete sie den zweiten Karton. „Fußballschuhe“, stieß sie hervor und presste ihr Gesicht dagegen, als müsse sie gleich in Tränen ausbrechen.

„Du kannst sie nicht zurückbringen“, sagte Jules beim Training. Wir machten gerade Sit-ups.

„Ich muss“, murmelte ich. „Meine Mum hat mir befohlen, die Fußballschuhe zurückzubringen und mir schöne Schuhe für die Hochzeit zu kaufen.“

„Komm nachher mit zu mir“, sagte Jules und keuchte. „Ich glaube, ich kann dir helfen.“

Da kam Joe. „Ich hoffe, das Training stört dich nicht bei deiner kleinen Unterhaltung, Jess“, sagte er und ließ mich dann Strafrunden laufen.

Auch das noch, mein rechter Knöchel tat mir schon den ganzen Tag weh. Aber ich sagte nichts und lief die Runden – bis ich nur noch humpeln konnte.

„Okay, Jess! Es reicht.“ Besorgt kam Joe zu mir gelaufen. „Lass mal sehen.“ Ich ließ mich aufs weiche Gras sinken. Joe kniete sich neben mich und zog mir den Schuh und den Strumpf behutsam aus. Ich spürte, dass ich knallrot anlief, und das kam nicht vom Laufen.

„Warum hast du nicht aufgehört?“, fragte Joe.

„Ich wollte nicht, dass du denkst, ich halte nicht so viel aus wie die anderen.“

Joe schüttelte den Kopf. „Sei nicht albern, Jess. Weißt du, mein Vater war mein Trainer. Ich war noch nicht kräftig genug, aber er trieb mich immer wieder an. Ich wollte ihm beweisen, dass ich kein Schwächling bin. Deshalb habe ich trotz Verletzung versucht zu spielen … So kam es zu meiner Knieverletzung. Mein Vater war sowieso ein Mistkerl.“ Joes Gesicht war finster.

Dann half er mir wieder auf die Beine und legte mir den Arm um die Taille. So nah war mir noch nie ein Junge gekommen. Und ich fand es schön! Verflixt, ich war doch nicht etwa dabei, mich in ihn zu verlieben, oder?

Fortsetzung folgt

Kapitel 5

1. Pinky hat Jess nicht verraten.
   Was sagt Pinky, als sie hört, dass Jess heimlich Fußball spielt? Kreuze an.
   Tipp: Lies noch einmal Seite 34.

   ☐ „Das glaub ich jetzt nicht, nur wegen Fußball erfindest du so eine große Lügengeschichte?“

   ☐ „Oh nein, das ist ja schlimmer, als ich dachte. Verdammt, was ist nur mit dir los, Jess? Wenn du schon lügen musst, dann wenigstens für etwas Sinnvolles!“

   ☐ „Ein Glück, ich dachte schon, du triffst dich heimlich mit einem Jungen.“

2. Jess kauft nicht zwei Paar Schuhe für die Hochzeit, sie kauft sich zuerst Fußballschule.
   Zu welchem Schuhpaar gehört das Preisschild?
   a) Lies noch einmal Seite 35.
   b) Verbinde die Schuhe mit dem Schild.

Tipp 1: Das englische Geld heißt Pfund.
Tipp 2: Im Internet gibt es kostenlose Rechner, damit kannst du den Betrag in Euro umrechnen.

3. Jules berichtet über die ungerechte Bezahlung von Frauen im Fußballsport.
   a) Lies den Sachtext. Audio

Ungleiche Bezahlung

Frauen verdienen in vielen Berufen für die gleiche Arbeit **weniger** als Männer. Besonders im **Profisport** ist die Bezahlung sehr ungerecht. In vielen Sportarten wie Fußball, Basketball, Volleyball verdienen **Männer als Profis genug Geld**, um davon zu leben. **Frauen** werden im Profisport nicht oder schlecht **bezahlt**, sie müssen **nebenher arbeiten** und können so weniger trainieren.

   b) Beantworte die Fragen in ganzen Sätzen.
   Schreibe die Fragen mit den Antworten in dein Heft:
   - Was hast du über die ungleiche Bezahlung von Männern und Frauen erfahren?
   - Was bedeutet die ungleiche Bezahlung im Profisport für Frauen?

4. Die Fußball-Nationalmannschaft der Frauen in Amerika hat gestreikt. Was ist ein Streik? Ergänze die Antwort.

Streik – verweigern

Wenn Personen für eine bestimmte Zeit die Arbeit

______________________, um zum Beispiel mehr Lohn

zu bekommen, nennt man das ______________.

5. Jess würde gern wie Jules Profifußballerin werden.
Aber sie soll Jura studieren.

a) Lies den Sachtext. Audio

Jura studieren

„Jura“ ist ein sehr altes Wort für „die Rechte“. Wer Jura studiert, lernt die Rechte und die Gesetze seines Landes gut kennen. Nach dem Studium kann man zum Beispiel Anwalt oder Anwältin werden und Menschen, die angeklagt sind, vor Gericht verteidigen.

b) Markiere wichtige Wörter im Sachtext.

c) Denkst du, ein Jura-Studium passt zu Jess? Kreuze an.

☐ Ja, weil ______________________________.

☐ Nein, weil ______________________________.

☐ Ich kann es nicht einschätzen.

6. Jess’ Mutter findet die Fußballschuhe.
Wie fühlt sich die Mutter in diesem Moment?
Und wie fühlt sich Jess?
Markiere die passenden Adjektive:
für die Mutter blau, für Jess grün.

enttäuscht beschämt verlegen wütend

7. Jess entwickelt Gefühle für Joe.
Was mag sie an ihm? Überlegt gemeinsam.

Kapitel 6:
Eine Verwechslung mit Folgen

Audio

Jules ließ mich in ihrem Zimmer allein. Sie wollte ein Paar Schuhe ihrer Mutter holen, um es mir zu leihen. Angestrengt starrte ich auf das Foto von Joe und Jules auf der Kommode. Ich spürte so etwas wie Eifersucht in mir aufsteigen, obwohl ich das gar nicht wollte. Zwischen Joe und mir gab es nichts. Und es würde auch nie etwas geben. Vor allem natürlich, weil er ein Weißer war. Mit Jules durfte ich zusammen sein, weil sie ein Mädchen war und wir nur Freundinnen waren.

Die Gefühle, die ich neuerdings für Joe hatte, machten mir Angst. Warum nur mochte ich ihn so sehr? Okay, er sah gut aus, aber das war nicht der einzige Grund. Es lag auch daran, dass er genau wusste, wie gern ich Fußball spielte und wie wichtig es für mich war. Wir lagen einfach auf derselben Wellenlänge.

Plötzlich hielt mir Jules ein Paar hohe, schwarze Schuhe mit Schleifen vor die Augen. Auf den Schleifen waren glitzernde Perlen.

„Gib sie mir nach der Hochzeit einfach zurück“, sagte Jules mit einem Grinsen. „Meine Mutter wird sie nicht vermissen.“

Ich persönlich fand die Schuhe etwas kitschig, aber meine Mum würde sie lieben und wäre damit zufrieden.

Jules ging zum Fernseher und machte ein Video an. „Hey, das musst du dir anschauen. Es ist total cool!“

Ich schnappte nach Luft, als ich ein riesiges amerikanisches Stadion voller Fans sah, die sich ein Spiel zwischen zwei Frauenmannschaften anschauten.

„Wow, das ist ja irre!“, rief ich.

Mrs. Paxton **[Paxten]**, Jules Mum, trat ein. Sie sah sehr schick aus. Sie arbeitete in einem Geschäft für Damenunterwäsche. Es fiel ihr schwer, zu akzeptieren, dass Jules nur Sport-BHs trug.

„Mum, das ist Jess“, stellte Jules mich vor.

Mrs. Paxton strahlte mich an. „Freut mich sehr. Jess. Ist das ein indischer Name?“

„Ja, eigentlich heiße ich Jesminder“, erklärte ich ihr. „Doch so nennt mich nur meine Mutter.“

„Jesminder. Klingt sehr hübsch!“ Mrs. Paxton nickte mir aufmunternd zu, bevor sie weitersprach.

„Ich hoffe, du kannst meiner Tochter ein bisschen was von deiner Kultur beibringen, zum Beispiel Respekt vor den Eltern.“
„Mum“, stöhnte Jules genervt. „Hör auf, du bist peinlich!“
„Ich bin doch nur nett, Juliette [Dschüliett]“, verteidigte sich Jules’ Mum gekränkt. „Kennt ihr euch aus der Schule oder von der Arbeit?“
„Sie ist Fußballerin, Mum. Sie spielt auch bei den Hounslow Harriers“, antwortete Jules.
Mrs. Paxton sah aus, als ob Jules ihr gesagt hätte, dass ich eine Massenmörderin bin.
Jules schob mich aus dem Zimmer, um mich zur Bushaltestelle zu bringen.
Hastig verabschiedete ich mich.
Wir schafften es gerade noch bis zur Bushaltestelle, dann konnten wir uns vor Lachen nicht mehr halten.
„Juliette“, schnaubte ich.
„Jesminder“, prustete Jules.
Und wir hatten den nächsten Lachanfall.
Als der Bus kam, fielen wir uns noch mal kurz um den Hals. Danach stieg ich ein.

Ich war noch immer bester Laune, als ich nach Hause kam. Mit strahlendem Gesicht stürmte ich ins Haus – und blieb dann verwundert stehen.
Pinky stand mit roten Augen in der Küchentür und umklammerte ein zerknülltes Taschentuch.
Dad stand mit ernstem Gesicht neben dem Kamin, und auch Mum sah verdächtig nach Tränen aus.
Auf dem Sofa saßen Teetus Eltern, die mich verächtlich anstarrten. Alle blickten mich vorwurfsvoll an.

„Wir sahen es als unsere Pflicht an, Sie zu informieren“, sagte Teetus Vater. Er und seine Frau standen auf.

„Hören Sie!“, sagte Dad und ging einen Schritt auf sie zu. „Sie wissen, wie schwer unsere Kinder es hier in England haben, hin und her gerissen zwischen zwei Kulturen. Und manchmal schätzen sie Dinge falsch ein und versuchen, sich allzu westlich zu geben.“

„Ich weiß nur, dass Kinder die Abbilder ihrer Eltern sind“, meinte Teetus Mutter. Dann gingen sie und ihr Mann.

„Du dumme, bescheuerte Kuh!“, brüllte Pinky mich an und stürzte mit erhobenen Fäusten auf mich zu.

„Du hast das Leben deiner Schwester ruiniert“, jammerte Mum. „Bist du jetzt zufrieden?“

Ich hatte keine Ahnung, wovon die Rede war.

„Meine Hochzeit wurde gerade abgesagt. Deinetwegen!“, rief Pinky und schluchzte. „Sie haben dich gesehen. Wie du mit einem englischen Jungen an einer Bushaltestelle herumgeknutscht hast!“

„Ich? ... Mit einem Jungen?“, stammelte ich.

„Du spinnst ja! Ihr spinnt ja alle! Ich stand an einer Bushaltestelle. Aber mit meiner Freundin Juliette. Wir haben uns zum Abschied umarmt!“

Dad zeigte auf das Bild von Guru Nanak an der Wand.

„Schwöre es!“, befahl er.

„Ich schwöre es!“, rief ich eifrig.

Ein tiefes Schweigen machte sich breit.

„Manche englischen Mädchen haben so kurze Haare, dass man sie kaum von einem Jungen unterscheiden kann“, sagte Mum.

„Teetus Eltern müssen sich geirrt haben“, sagte Dad.

„Die unverschämten Eltern von Teetu haben nur nach einem Grund gesucht, die Hochzeit abzusagen. Wir waren ihnen sowieso nie gut genug“, meinte Mum. Vor Erleichterung bekam ich weiche Knie. Aber dann rief Pinky anklagend: „Mum, es ist alles ihre Schuld. Ich wette, es war eines der lesbischen Mädchen aus ihrem Fußballverein. Sie spielt nämlich immer noch!“ Mum und Dad starrten mich entsetzt an. „Oh *Shiva*“, wimmerte Mum, „warum hast du mir nur zwei so undankbare Töchter geschenkt?“ Verärgert rief sie: „Pinky, und du hast dich jahrelang heimlich mit diesem Taugenichts von Teetu getroffen! Ihr geht mir beide nicht mehr aus dem Haus!“

Pinky schloss sich tagelang in ihrem Zimmer ein und ich langweilte mich zu Hause zu Tode. Meine Eltern schickten mich vor jedem Abendessen nach oben, um zu fragen, ob Pinky herunterkommt. „Tut mir leid, dass ich dich verraten habe“, murmelte Pinky an diesem Abend. „Schon gut.“ Ich drückte sie an mich. „Sie hätten es sowieso herausgefunden. Das tun sie immer.“ Ich ging wieder nach unten und fühlte mich besser, weil Pinky mit mir gesprochen hatte. Mum und Dad saßen bereits am Tisch. Schweigend saßen wir da und aßen. Als ich mich gerade vorbeugte und nach einem *Chapati* griff, läutete es an der Haustür. Pinky kam sofort angelaufen. Sie glaubte sicher, dass es Teetu war. Als sie die Haustür aufriss, wollte ich sehen, wer da kam, und wäre beinahe in Ohnmacht gefallen. Es war Joe!

Fortsetzung folgt

1. **Jess starrt auf das Foto von Jules und Joe. Welches Gefühl hat sie dabei? Kreise ein.**

die Freude die Eifersucht die Angst die Scham

2. **Jess denkt, dass aus Joe und ihr nichts werden kann. Warum? Und welches Gefühl löst das in ihr aus? Beantworte die Fragen mit ganzen Sätzen. Tipp: Die Wörter und Wortgruppen helfen dir.**

Eltern wünschen sich einen indischen Mann für ... – mit einem Weißen nicht zusammen sein dürfen – Gefühle für Joe – Angst, weil sie nicht weiß ...

3. **Jess mag Joe aus verschiedenen Gründen, auch weil sie beide auf der gleichen Wellenlänge liegen. Was will Jess mit dieser Redewendung ausdrücken? Markiere die beiden passenden Antworten. Tipp: Lies noch einmal Seite 42.**

Joe mag genauso gern Fußball wie sie.
Er ist genauso alt wie sie.
Er versteht, warum ihr Fußball wichtig ist.
Joe hört die gleiche Musik wie Jess.

4. Zuerst strahlt Jules' Mutter Jess freundlich an. Was verändert ihren Blick? Ergänze die Antwort.

Jules erzählt, dass Jess ______________________ ist.
eine Freundin / Fußballerin

5. Wie lautet Jules' vollständiger Vorname? Kreuze an.

☐ Juliana ☐ Juliette ☐ Julia

6. Eine Verwechslung hat schlimme Folgen. Ergänze den Text.

Bushaltestelle – Hochzeit – Jungen – Leben – Pflicht

„Wir sahen es als unsere ____________ an, Sie zu informieren", sagte Teetus Vater.

„Du hast das ____________ deiner Schwester ruiniert", jammerte Mum. „Bist du jetzt zufrieden?"

„Meine ______________ wurde abgesagt. Deinetwegen!", rief Pinky und schluchzte. „Sie haben dich gesehen. Wie du mit einem englischen ______________ an einer ______________________ herumgeknutscht hast!"

7. Jess schwört, dass sie keinen Jungen geküsst, sondern nur Jules zum Abschied umarmt hat. Glauben die Eltern ihr?

☐ Ja. ☐ Nein.

Haltepunkt: gemeinsam arbeiten

1. Teetus Eltern haben Jess beschuldigt.

a) Was sagt Jess' Vater? Was erwidert Teetus Mutter? Lest hier noch einmal, was die beiden sagen.

b) Sprecht über die Fragen.

Zur Rede des Vaters:

- Was will Jess' Vater Teetus Eltern erklären?
- Warum sagt er das?
- Und was denkt ihr darüber?

Zur Rede von Teetus Mutter:

- Was will Teetus Mutter mit ihren Worten sagen?
- Warum sagt sie das?
- Und was denkt ihr darüber?

Lebenssituation – Rechtfertigung – Verständnis – Vorwurf – kein Verständnis – Ablehnung

2. Die Eltern glauben Jess, dass sie keinen Jungen geküsst hat. Da sagt Pinky aus Wut:

106 „Ich wette, es war eines der lesbischen Mädchen
107 aus ihrem Fußballverein."

In ihrer Rede verwendet Pinky ein Vorurteil.

a) **Sprecht über diese Fragen:**
- Welches Vorurteil verwendet sie?
- Wieso ist diese Aussage ein Vorurteil? Begründet.
- Warum sagt Pinky das? Was will sie damit erreichen?

b) **Vorurteile sind falsch. Nutzt man sie, um seine eigene Wut auf andere zu lenken, wie Pinky es tut, ist das auch gemein und verletzend. Welche Vorurteile kennt ihr noch? Nennt Beispiele. Sprecht über die Vorurteile.**

3. Welches Verhalten unterstützt Vorurteile, welches Verhalten wirkt gegen Vorurteile? Zeichnet eine Tabelle an die Tafel und ordnet die Wortgruppen zu. Ihr könnt auch weitere Verhaltensweisen eintragen.

Das unterstützt Vorurteile:	Dies wirkt gegen Vorurteile:
...	...

andere abwerten – freundlich miteinander sprechen – respektvoll miteinander umgehen – ausgrenzen – offen für andere sein – Unbekanntes ablehnen – sich tolerant verhalten – eigene Meinung hinterfragen – sich informieren – alles glauben, was andere sagen – sich mit anderen austauschen – übereinander reden

Kapitel 7: Ein Spiel in Deutschland

Audio

Mit zittrigen Händen trug ich das Tablett mit dem Tee ins Wohnzimmer. Dad, Mum und Pinky blickten Joe stumm an und sahen dabei keineswegs freundlich aus. Immerhin hatten sie ihn nicht hinausgeworfen, sondern waren bereit, ihm zuzuhören. Joe räusperte sich und sagte: „Es tut mir leid, dass ich einfach so bei Ihnen hereinplatze, Mrs. und Mr. Bhamra, aber ich wollte Sie persönlich sprechen. Ich habe erst heute erfahren, dass Sie nicht gewusst haben, dass Jess in unserer Mannschaft spielt. Dafür möchte ich mich entschuldigen.“

Am liebsten wäre ich ihm um den Hals gefallen! Jules musste ihm alles erzählt haben. Er wusste, dass es kein leichtes Gespräch wird, und ist trotzdem gekommen.

„Wenn mir das bekannt gewesen wäre, hätte ich Jess natürlich aufgefordert, es Ihnen zu sagen, weil sie ein enormes Talent hat“, fügte Joe noch hinzu.

Ein langes Schweigen folgte.

Schließlich sagte Dad: „Jess hat keine Zeit fürs Fußballspielen. Sie fängt bald ein Studium an.“

Dad musterte Joe. Dann sprach er weiter:

„Junger Mann, als ich noch ein Teenager in Nairobi war, war ich im Kricket-Team. Ich war der beste Werfer. Unser Team hat den Ostafrika-Cup [...-Kap] gewonnen. Doch als ich in dieses Land kam, war alles zu Ende. Die Weißen in ihren Clubhäusern lachten über mich und meinen Turban und schickten mich weg.“

„Tut mir leid, Mr. Bhamra“, begann Joe. „Aber heute ...“

„Heute?“, fiel Dad ihm ins Wort. „Kein einziger Inder ist in einem Fußballverein. Und da glauben Sie, sie würden unsere Mädchen zulassen? Ich will nicht, dass Jesminder sich große Hoffnungen macht, sonst wird sie am Ende genauso enttäuscht wie ich.“

„Dad, ich ...“, stotterte ich verzweifelt.

Doch es nützte nichts. Ich musste einsehen, dass er nicht nachgeben würde.

Das war auch Joe klar, denn er verabschiedete sich.

Ich begleitete Joe zum Auto.

Mum warf mir einen vorwurfsvollen Blick zu, doch das war mir egal. Vielleicht sah ich Joe zum letzten Mal.

„Tut mir furchtbar leid“, sagte ich, als wir draußen waren. „Aber vielen Dank, dass du es versucht hast.“

Joe zuckte mit den Schultern. „Wir sind am Samstag zu einem Freundschaftsspiel nach Deutschland eingeladen. Echt schade, dass du nicht mitkommen kannst“, sagte er. „Ich begreife deine Situation. Aber glaub mir, Eltern wissen nicht immer, was das Beste für einen ist, Jess.“

Joe hatte Recht. In meinem Fall wussten sie es wirklich nicht.

„Okay, du weißt genau, was du tun musst, oder?“, fragte Pinky, die mich zum Sportplatz brachte.

„Ja, sie zweimal täglich anrufen. Sie werden doch nicht merken, dass ich aus Deutschland anrufe, oder?“, fragte ich besorgt.

Pinky schüttelte den Kopf. Sie hielt auf dem Parkplatz. Die Mädchen saßen schon alle in einem Minibus, Joe stieg gerade ein. Hastig griff ich meine Reisetasche, sprang aus dem Wagen und lief zum Bus.

„Meine Eltern denken, dass ich mit meiner Schwester zu einer Cousine [Kusine] fahre“, erklärte ich Joe und den Mädchen außer Atem.

„Das hab ich nicht gehört!“, sagte Joe.

„Ich hab gewusst, dass du kommst!“, rief Jules.

Strahlend ließ ich mich auf den Platz neben ihr fallen. Ich war wild entschlossen, die Reise zu genießen! Und es fing auch alles richtig gut an. Wir waren in Hochstimmung, als wir in Hamburg ankamen und zu einem schicken Hotel gebracht wurden. Nach dem Auspacken sahen wir uns die Stadt an. Jules fotografierte mich. Ich fühlte mich so frei.

Am Abend fand das Spiel statt. Das Stadion in Hamburg war großartig: der gepflegte Rasen, die Flutlicht-Anlage und eine Tribüne voller Zuschauer. Hilfe! Vor so vielen Menschen hatte ich noch nie gespielt! Der Schiedsrichter pfiff das Spiel an.

Schnell war klar, dass die Deutschen keine einfachen Gegnerinnen waren. Bis zum Ende der ersten Halbzeit hatten wir nur eine Torchance. Es stand null zu null. „Lasst euch nicht entmutigen!“, versuchte uns Joe, für die zweite Halbzeit aufzubauen.

Nach der Pause fühlte ich mich ganz okay. Doch wir konnten uns wieder nicht durchsetzen und ich kam ins Schnaufen. Da dribbelte meine Gegenspielerin auf unseren Strafraum zu. Ich rannte ihr nach, holte sie aber nicht ein. Sie schoss ein Tor. Es stand eins zu null. Meine Schuld, dachte ich, während die Deutschen jubelten. Das Spiel war schon fast vorbei, als ich plötzlich eine Chance witterte. Ich kam an den Ball und passte ihn Jules zu, die ihn mit voller Wucht ins Netz beförderte. Wir brüllten und kreischten vor Freude.

Zwei Minuten später ertönte der Abpfiff. Unentschieden! „Elfmeterschießen!“, sagte Jules grinsend. „Denen werden wir es zeigen!“ Jules war die Erste, ich die Letzte beim Elfmeterschießen. Allen gelang ein Tor. Dann war ich an der Reihe. Meine Beine fühlten sich bleischwer an. „Los Jess, du schaffst es!“ Meine Mannschaft feuerte mich an. Ich rannte auf den Ball zu, doch schon als ich ihn traf, spürte ich, dass es nicht gut gehen würde. Latte!

Das durfte nicht wahr sein! Ich war am Boden zerstört.

Fortsetzung folgt

1. Familie Bhamra bekommt überraschend Besuch.
   a) Wer kommt? Kreuze an.

   ☐ Joe ☐ Jules ☐ Tony

   b) Welche Aufgabe übernimmt Jess, damit sich der Besuch willkommen fühlt?
   Schreibe einen ganzen Satz neben das Bild.
   Tipp: Lies noch einmal Seite 50.

Jess ______________________

____

____

____

2. Joe und Jess' Vater unterhalten sich. Mit welchen Worten beginnt Joe das schwierige Gespräch?
   a) Markiere auf Seite 50.
   b) Wie ist dieser Einstieg ins Gespräch?
   Markiere die passenden Adjektive.

geschickt unhöflich freundlich
unfreundlich ungeschickt höflich

3. Jess' Vater erzählt Joe, dass er Kricket gespielt hat.
   a) Lies den Sachtext. Audio

Kricket

Kricket wird mit **zwei Mannschaften** gespielt. Es ist ein Spiel mit **Schlägern aus Holz** und einem **Ball**. Dabei treten **ein Werfer** aus der einen Mannschaft und **ein Schlagmann** aus der anderen Mannschaft gegeneinander an.

   b) Beantworte folgende Fragen. Schreibe die Fragen und die Antworten in dein Heft:
   - Womit wird Kricket gespielt?
   - Wer tritt gegeneinander an?

4. Jess' Vater hat in England schlechte Erfahrungen als Kricketspieler gemacht.
   a) Er erzählt davon. Markiere die Textstelle auf Seite 51.
   b) Das, was Jess' Vater erlebt hat, nennt man Diskriminierung. Was bedeutet das? Kreuze an.

Diskriminierung bedeutet ...

- ☐ andere Personen oder Gruppen zu benachteiligen.
- ☐ andere Personen oder Gruppen zu fördern.

   c) Der Vater verbietet Jess den Fußballsport, um sie zu schützen. Wie findest du das? Schreibe deine Meinung in dein Heft. Begründe sie.

5. Jess' Mannschaft fährt zu einem Freundschaftsspiel nach Deutschland. In welcher Stadt findet es statt? Markiere auf der Karte.

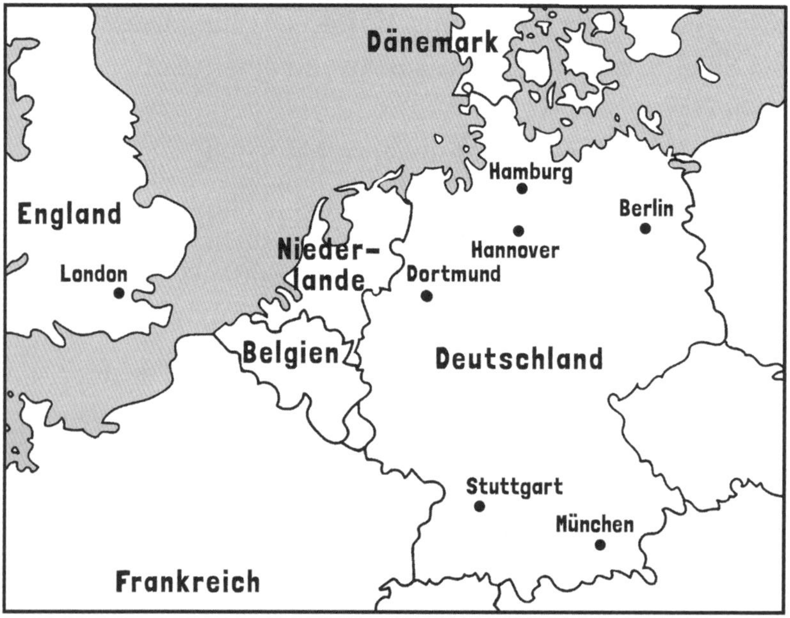

6. Die Mannschaft sieht sich zusammen die Stadt an.
   a) Wie fühlt sich Jess? Streiche, was nicht passt.
      Tipp: Lies noch einmal Seite 52.

   Jess fühlt sich ängstlich / überfordert / frei.

   b) Warum fühlt sich Jess so? Sprecht darüber.

7. Im Kapitel gibt es ein weiteres Fußball-Fachwort.
   a) Suche dieses Fußball-Fachwort und markiere es: **Elfmeterschießen.**
   b) Was bedeutet das Fachwort? Sprecht darüber.

Kapitel 8:
Noch mehr Katastrophen

Audio

„Ja, Mum, mir geht es gut“, wiederholte ich. Ich stand mit dem Handy im Badezimmer des Hotels.
„Alles bestens. Pinky geht es auch gut. Wir kochen gerade – hm, Nudeln. Entschuldige, ich muss aufhören. Grüß mir Dad. Tschüss Mum! Bis bald!“
Nach dem verschossenen Elfmeter hatte ich keine Lust gehabt, zu Hause anzurufen. Am liebsten hätte ich mich in mein Bett verkrochen. Joe hatte zwar gesagt, dass ich mir den Fehlschuss nicht zu Herzen nehmen soll, aber trösten konnte mich das nicht.

„Komm endlich in die Gänge!“, sagte Jules. „Wir müssen uns fertig machen.“

Missmutig setzte ich mich auf mein Bett und zog ein paar T-Shirts aus der Reisetasche.

„Ich habe nichts Passendes dabei“, sagte ich mürrisch zu Jules. „Woher sollte ich wissen, dass wir ausgehen?“

Jules ignorierte mein Gemaule. Sie holte sich Verstärkung bei den anderen Mädchen. „Du brauchst eine kleine Schönheitskur“, sagte sie und grinste.

Als ich eine halbe Stunde später in den Spiegel blickte, war ich baff. Ich erkannte mich kaum wieder. Ich war zum ersten Mal in meinem Leben geschminkt.

Meine Haare waren zu sanften Locken gedreht und offen. Ich trug einen engen Rock, ein glitzerndes, schwarzes Top und hohe schwarze Schuhe, alles geliehen.

Schließlich verließen wir das Zimmer, um die anderen vor dem Hotel zu treffen. Als ich durch die Drehtür kam, sahen mich alle überrascht an.

Joe fielen fast die Augen aus dem Kopf, und die Mädchen riefen durcheinander: „Na, sie sieht gut aus oder was?“ – „Sie sieht fantastisch aus!“ ... Joe starrte mich immer noch an. Erst als die Taxis kamen, löste sich sein Blick von mir und er rief: „Hey, Leute, einsteigen!“

Zufrieden musste ich schmunzeln. Vielleicht, aber nur vielleicht, war da ja *tatsächlich* etwas zwischen uns.

Klar, ich wusste, dass das ohnehin zu nichts führen würde. Aber ich war weit weg von zu Hause. Ich fühlte mich fast wie ein neuer Mensch und beschloss, richtig viel Spaß zu haben.

Wir quetschten uns in mehrere Taxis und fuhren zu einem Club, wo auch die deutsche Mannschaft war.

Ich feierte meine neue Freiheit mit einem Glas Wein.
Jules war schon ein paar Mal auf der Tanzfläche gewesen.
Ich blieb sitzen, weil ich Angst hatte, mir mit den hohen Absätzen die Knöchel zu brechen.
Immer wieder sah ich zu Joe am Nachbartisch, der sich mit dem deutschen Trainer unterhielt.
„Jess“, brüllte Jules mir ins Ohr, um die laute Musik zu übertönen, „jetzt fordere ich Joe zum Tanzen auf!“
Und schon war sie am Nachbartisch.
Ich musste ganz schön schlucken – das nennt man wohl Eifersucht.
Kurz entschlossen ging ich auch rüber und setzte mich zu Joe aufs Sofa.
„Komm schon, tanz mit mir!“, sagte Jules zu Joe.
Doch der weigerte sich.
„Tut mir leid, dass ich den Elfmeter verschossen habe, Trainer“, sagte ich zu Joe.
„Schon gut, beim Elfmeterschießen gegen die Deutschen zu verlieren, liegt Engländern quasi im Blut. Du hast also nur eine lange Tradition fortgeführt.“
„Hört auf über Fußball zu quatschen!“, maulte Jules und zog Joe auf die Tanzfläche. Jetzt gab er nach.
Ich stand auch auf und ging zu ein paar Spielerinnen.
Plötzlich legte mir jemand eine Hand auf die Schulter.
„Komm, tanz mit uns!“, forderte mich Joe auf und zog mich auch schon zu Jules hinüber.
Wir tanzten eine Weile zusammen, bis mir auf einmal ganz schwindelig wurde. Ich drehte mich von Joe und Jules weg und ging wackelig von der Tanzfläche. Ich brauchte dringend frische Luft.
Endlich stolperte ich durch eine offene Tür ins Freie.

Da spürte ich, wie mich jemand festhielt. „Langsam“, sagte eine Stimme. Es war Joe.

„Oje, mein Kopf ... ich habe zwei Glas Wein getrunken“, sagte ich und schloss die Augen.

Joe legte mir den Arm um die Schultern und ich lehnte mich an ihn. Eine Zeitlang standen wir nur so da.

„Ich fand es echt toll, dass du neulich zu uns nach Hause gekommen bist. Ganz schön mutig von dir, meiner Mutter entgegenzutreten.“

„Deine Mutter ist ein zahmes Kätzchen verglichen mit meinem Vater“, sagte Joe und lächelte.

Jetzt wusste ich genau, was ich tun wollte.

Ich wandte Joe mein Gesicht zu und er neigte seinen Kopf zu mir runter.

„Du Miststück!“, rief Jules. Erschrocken zuckte ich zusammen. Jules Gesichtsausdruck sah verletzt aus. Dann verschwand sie wieder im Club.

Es war die absolute Katastrophe. Und es war noch nicht zu Ende. Jules weigerte sich, mit mir zu sprechen.

Ich versuchte, mich bei ihr zu entschuldigen, aber Jules spürte wohl, dass ich nicht hundertprozentig ehrlich war.

Auch Joe und ich gingen uns aus dem Weg.

Auf der Rückfahrt würdigte mich Jules keines Blickes und sprach auch nicht mit mir. Als der Minibus am Ende der Fahrt anhielt, sprang Jules als Erste hinaus.

„Wer sind diese Leute da?“, fragte eins der Mädchen beim Aussteigen und deutete auf die andere Seite des Parkplatzes. Ich war wie vom Donner gerührt.

Mum, Dad und Pinky standen neben unserem Auto und starrten mir finster entgegen. Auch das noch!

Fortsetzung folgt

1. a) Wie nennt man im Fußball einen Schuss aufs Tor, der nicht reingeht? Kreuze an.

☐ Eckschuss ☐ Fehlschuss ☐ Leerschuss

b) Wie fühlt sich Jess nach diesem Schuss? Male ein passendes Emoji.

◯

2. Jess wird von den anderen Mädchen für die Party zurechtgemacht. Ergänze die Wörter aus dem Kasten.

Locken – hohe – geschminkt – engen – glitzerndes

Ich erkannte mich kaum wieder. Ich war zum ersten Mal

in meinem Leben ____________________.

Meine Haare waren zu sanften ______________ gedreht

und offen. Ich trug einen ______________ Rock,

ein ____________________, schwarzes Top und

______________ schwarze Schuhe.

3. Zwischen Jules und Jess kommt es zu einem Problem. Kreuze an, was stimmt.

☐ Sie wollen beide besser als die andere sein.

☐ Sie streiten um einen Platz in einem amerikanischen Team.

☐ Sie sind beide in Joe verliebt.

4. Jess ist Tochter, Schwester, Fußballspielerin und Freundin. Wie ist sie jeweils? Schreibe mindestens vier Sätze auf die Linien. Verwende passende Adjektive.

Tochter – Schwester – Fußballspielerin – Freundin

hilfsbereit – mutig – geschickt – freundlich – talentiert – ungehorsam – begeistert – eifersüchtig

Als Tochter ist Jess

5. Auf Seite 58 kommt diese Redewendung vor:

29 Joe fielen fast die Augen aus dem Kopf ...

Was ist wohl gemeint? Schreibe in eigenen Worten auf.

6. Jess feiert an dem Abend in Hamburg ihre neue Freiheit. Was ist anders als zu Hause? Was gefällt Jess so gut?
   a) Überlege.
   b) Entscheidet zu zweit, was ihr in die Tabelle schreibt.

Jess zu Hause	Jess in Hamburg
die Eltern bestimmen	
	Neues ausprobieren

Kapitel 9:
Was soll ich tun?

Audio

Mum und Dad wurden nicht laut. Sie schimpften auch nicht und machten mir keine Vorwürfe. Schweigend stiegen wir ins Auto ein, erst da begann Mum zu weinen. Ich kam mir vor, wie die größte Verräterin aller Zeiten. Wie um alles in der Welt hatte ich ihr Vertrauen nur so missbrauchen können?

Als wir zu Hause ankamen, gingen meine Eltern sofort wortlos nach oben in ihr Schlafzimmer.

„Wie haben sie es herausgefunden?“, fragte ich Pinky.

„Dad hat ein Foto von deiner Mannschaft in der Zeitung gesehen. In dem Artikel darunter stand, dass ihr nach Hamburg eingeladen wurdet. Den Rest konnte er sich zusammenreimen“, antwortete Pinky leise. Sie hatte dunkle Ringe unter den Augen. „Sie haben mich sofort nach Hause geholt“, sagte sie, drehte sich um und stapfte langsam die Treppen hinauf.

Eins war klar: So konnte es nicht weitergehen. Wenn ich so weitermachte wie bisher, würde ich meine Eltern immer wieder verletzen. Wenn ich weiterhin Fußballspielen würde, käme es zum Bruch zwischen uns. War mir das die Sache wirklich wert? Und dann war da noch Joe ... Ich ging auch nach oben.

An der Tür meiner Schwester blieb ich stehen, ich musste sie noch etwas fragen und klopfte. Pinky saß traurig auf ihrem Bett. „Pinky, woher weißt du, dass Teetu der Richtige für dich ist?“, fragte ich sie.

„Ich weiß es einfach“, sagte Pinky mit Bestimmtheit. „Wenn man verliebt ist, würde man alles tun, um mit diesem einen Menschen zusammen zu sein ...“

„Meinst du Mum und Dad würden noch mit mir reden, wenn ich einen Weißen mit nach Hause bringen würde?“, fragte ich weiter.

Pinky fuhr hoch. „Es geht um diesen Trainer, stimmt's?“, fragte sie. Dann sprach sie ruhiger weiter: „Jess, du kannst heiraten, wen du willst. Aber willst du, dass dich bei Familientreffen alle schief anschauen, weil du mit einem Engländer verheiratet bist?“

Pinky gab mir nicht unbedingt den Rat, den ich hören wollte. Niemand verstand mich. Was sollte ich tun?

Hoffentlich war Joe im Vereinsheim. Ich hatte nicht viel Zeit. In zwei Stunden erwartete Mum mich zurück. Sie dachte, dass ich in die Bücherei gehe.

Ich fand Joe im Vereinshaus an der Bar im Gespräch mit zwei älteren Männern. Den einen erkannte ich. Joe schüttelte den Männern die Hände, dann sah er mich und kam sofort auf mich zu.

„Hi“, sagte ich und schaute ihn nicht an.

„Hi“, sagte er.

„War das der Vorsitzende vom Verein?“, fragte ich.

„Ja, er hat mir gesagt, dass sie sich vorstellen können, mich nächstes Jahr als Trainerassistent für die Herrenmannschaft anzustellen.“

„Das ist ja toll!“, rief ich. Ich freute mich für ihn. „Das hast du dir verdient! Hör mal, es tut mir leid wegen ...“

„Hab’s schon vergessen“, fiel er mir ins Wort.

„Oh, gut. Ich auch“, sagte ich schnell.

„Deine Eltern sahen nicht sehr glücklich aus gestern“, sprach Joe weiter. „Du bist sicher gekommen, um mir zu sagen, dass du mit dem Spielen aufhörst, stimmt’s?“

Ich ließ den Kopf hängen. Genau, deshalb war ich da. Nächsten Sonntag war schließlich das Halbfinale! Ich wollte Joe rechtzeitig Bescheid sagen, damit er eine Ersatzspielerin für mich finden konnte.

„Es ist so unfair“, sagte ich leise. „Egal, wie ich mich entscheide: Entweder lasse ich die Mannschaft im Stich oder ich handle gegen den Willen meiner Eltern. Ich will niemandem wehtun.“

„Warum können sie sich nicht damit abfinden, dass du Fußball spielst?“, fragte Joe ratlos.

„Sie wollen mich beschützen“, erklärte ich.

„Wovor?“, fragte Joe.

Ich hob den Kopf und sah ihm in die Augen.

Wir wurden beide rot.

„Es führt mich von allem weg, was ihnen wichtig ist“, versuchte ich, ihm zu erklären.

„Wessen Leben lebst du überhaupt, Jess?“, fragte Joe.

„Wenn du immer versuchst, es deinen Eltern recht zu machen, wirst du das irgendwann bereuen.“

„So wie du?“, fragte ich. Verflixt, diese Worte waren mir einfach herausgerutscht. Joe blickte an mir vorbei.

„Ich kann nicht einfach wie du jeden Kontakt zu meiner Familie abbrechen“, brummte ich.

„Ich rede nicht mit meinem Vater, weil ich weiß, wie er reagiert. Er würde sich kaputtlachen, weil ich eine Mädchenmannschaft trainiere.“

„Sicher? Vielleicht wäre er stolz auf dich, weil du trotz der Verletzung nicht aufgegeben hast.“

Joe sah mir in die Augen. „Aber du gibst einfach auf.“

Seine Worte taten mir weh, doch ich schüttelte nur müde den Kopf. Er begriff meine Situation einfach nicht …

„Oh, hallo!“ Mrs. Paxton strahlte, als sie mich sah. Sie öffnete weit die Tür. Es hatte mich einige Überwindung gekostet, hierherzukommen, aber ich wollte nichts unversucht lassen, um mich mit Jules zu vertragen.

Ich war zwar nicht mehr in der Mannschaft, aber ich wollte trotzdem nicht, dass sie bis an ihr Lebensende eine Stinkwut auf mich hatte.

Jules war in ihrem Zimmer. Sie saß auf ihrem Bett.

Ich holte tief Luft: „Bitte hör mir zu, Jules! Ich fühle mich richtig mies, weil diese Sache passiert ist.“

„Ach!“, meinte Jules pampig.

Ich setzte noch mal neu an: „Es tut mir leid, Jules, ich will nicht, dass du sauer auf mich bist!“

„Bin ich aber!“, fauchte Jules.

„Es war ... ein Fehler“, stotterte ich, „ich habe nicht darüber nachgedacht, was ich tat.“

Jules sah so verletzt aus, dass mir ganz schlecht wurde.

„Ich kann es immer noch nicht glauben, dass du ihn geküsst hast!“, platzte sie heraus.

Ich war platt. „Aber nein, das haben wir ...“

„Oh, doch“, fiel Jules mir ins Wort. „Ich weiß, was ich gesehen habe. Dabei wusstest du, dass ich in ihn verliebt war. Und trotzdem hast du dich an ihn rangemacht.“

Für einen Moment war ich sprachlos. Joe und ich hatten uns nicht *richtig* geküsst. „Aber du hast mir doch gesagt, dass zwischen euch nichts ist“, versuchte ich, mich zu verteidigen. Jules gab keine Antwort.

Sie legte sich hin und drehte den Kopf zur Wand.

„Das war's dann?“, fragte ich. Meine Stimme zitterte.

„Oh ja, das war's!“ Jules zog sich die Decke über den Kopf.

Ich rannte aus dem Haus. Mein Leben geriet völlig aus der Bahn, und ich wusste nicht, was ich dagegen tun konnte.

Fortsetzung folgt

1. Jess' Eltern haben die Lügengeschichte ihrer Töchter durchschaut. Sie schimpfen aber nicht, sondern sie sagen gar nichts. Die Mutter weint im Auto. Wie fühlt sich Jess jetzt wohl? Markiere die passenden Adjektive.

alt schuldig entspannt verlassen

schlecht leicht belastet kalt

2. Jess überlegt, was passieren kann, wenn sie weiter Fußball spielt.
   a) Markiere die passenden Zeilen im Text auf Seite 65.
   b) Kannst du Jess' Sorgen verstehen?
   Kreuze an und begründe.

☐ Ja. ☐ Nein. ☐ Teilweise.

____

____

3. Jess trifft im Vereinsheim Joe. Er hat gute Nachrichten erhalten. Was wird er in Zukunft tun? Verbinde mit dem richtigen Satzende.

Joe	
	wird Trainerassistent der Herrenmannschaft.
	wird selber wieder Fußballspielen.
	wird ein Damenteam in Amerika trainieren.

4. Jess will niemandem wehtun, nicht den Eltern und nicht der Mannschaft. Sie entscheidet sich dann **gegen** das Fußballspielen.
Was fragt Joe sie deshalb? Ergänze.
Tipp: Lies noch einmal Seite 67.

Wessen ______________

______________ du überhaupt?

5. Jess ist enttäuscht, dass Joe sie nicht versteht.
   a) Was versteht er nicht? Lies den Satz am Faden.

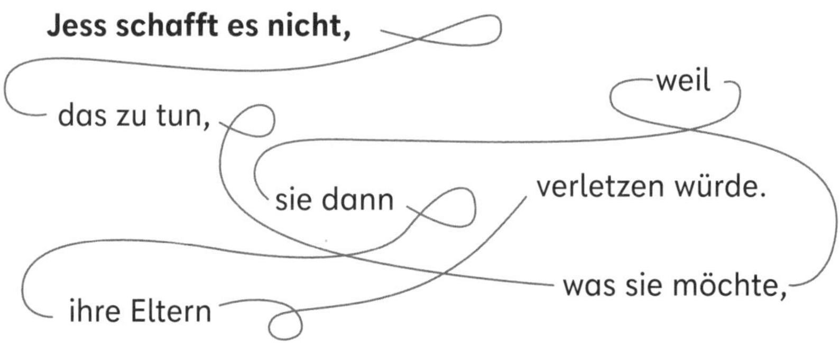

   b) Schreibe den Satz auf die Linien.

____

____

____

____

6. Jess fragt Pinky wegen Joe um Rat. Pinky sagt:

„Jess, du kannst heiraten, wen du willst. Aber willst du, dass dich bei Familientreffen alle schief anschauen, weil du mit einem Engländer verheiratet bist?

a) **Was meint Pinky mit ihrer Behauptung?**

b) **Überlegt, was Jess von Pinky lieber gehört hätte.**

7. Jess fährt zu Jules, um sich auszusprechen.

a) **Lest noch einmal Seite 68.**

b) **Überlegt, wie das Gespräch besser verlaufen könnte. Was können beide sagen, um sich am Ende zu vertragen? Schreibt das Gespräch auf ein Blatt. Tipp: Die Wörter und Wortgruppen helfen euch.**

> Jess: Hallo, Jules! Ich komme, um mich mit dir zu ... –
> Jules: Hallo Jess, ich bin auch wirklich ...

> vertragen – sehr verletzt – großes Missverständnis – nicht mehr vertrauen – tut mir sehr leid – Freundschaft – du bist mir wichtig – rücksichtsvoll sein – Vertrauen zurückgewinnen – verzeihe dir – brauche noch etwas Zeit

c) **Lest das Gespräch mit verteilten Rollen. Achtet auf die Betonung!**

Kapitel 10: Ohne Fußball geht es nicht!

Audio

Tony und ich saßen im Park und schauten Gary und den anderen beim Fußballspielen zu. „Tony, stehst du auf mich?“, fragte ich ihn. Tony starrte mich an, als wäre mir plötzlich ein zweiter Kopf gewachsen.

„Was ist? Stehst du nun auf mich oder nicht?“, wiederholte ich meine Frage. Ich wollte Joe vergessen und hatte überlegt, mit einem anderen auszugehen.

„Na ja, ich mag dich“, antwortete Tony vorsichtig.

„Fein“, sagte ich. „Dann könnten wir doch vielleicht miteinander gehen, was meinst du?“

„Jess, was ist los mit dir?“ Tony lachte nervös.

„Entschuldige Tony“, sagte ich. „Aber ich glaube ... ich sollte mir einen indischen Freund zulegen.“

Dann erzählte ich Tony, was in Deutschland passiert war.

„Hör mal Jess, man kann nicht planen, in wen man sich verliebt. Es trifft einen aus heiterem Himmel. Denk doch an Beckham und seine Frau Posh.“

Ich grinste. „Klar, Beckham ist natürlich der Beste!“

„Ja, ich mag ihn auch“, meinte Tony.

„Klar, er ist der absolute Hammer. Ein Fußballgott!“

Tony starrte mich merkwürdig an. „Nein, Jess“, sagte er dann leise. „Das meinte ich nicht. Ich mag Beckham *wirklich*.“

Erst verstand ich nicht, was er meinte. „Was?! Du meinst ...?“, rief ich dann.

Tony nickte.

„Mensch, du bist Inder“, platzte es aus mir heraus.

Tony war *schwul*? Komisch, da waren wir nun seit Jahren befreundet und mir war nie etwas aufgefallen. In der indischen Kultur wird Homosexualität oft nicht akzeptiert. Wie um alles in der Welt wird Tony damit umgehen?

Er wird schwierige Entscheidungen treffen müssen.

Ich schaute ihn nachdenklich an. Tony und ich waren in einer ähnlichen Situation. Wenn man sein Leben anders gestalten will, als alle anderen von einem erwarten, steht man vor großen Problemen.

„Ich mag dich sehr gern, Jess“, sagte Tony.

„Aber heiraten will ich dich nicht. Und dass du auf deinen Trainer stehst, ist für *mich* absolut okay. Außerdem sieht er ziemlich gut aus.“ Wir mussten beide lachen und auf einmal wirkte alles besser.

Es war Sonntag, der Tag des Halbfinales. Ich hatte mich nach einigen schlaflosen Nächten dazu entschlossen, doch mitzuspielen. Ich nieste recht überzeugend in mein Taschentuch und putzte mir die Nase.

„Geh ins Bett, Jess“, meinte Mum besorgt.

Pinky flüsterte mir zu: „Um drei musst du spätestens zurück sein. Ich kann sie nicht den ganzen Nachmittag am Tempel festhalten.“

Ich stand winkend in der Haustür.

Mum rief mir noch zu: „Ich werde dafür beten, dass Shiva meinen Töchtern mehr Verstand schenkt!“

Sobald sie abgefahren waren, rannte ich los.

Ich hatte weder Joe noch den Mädchen gesagt, dass ich kommen würde. Vielleicht hatte Joe ja die Nase voll von mir, weil ich ständig meine Meinung änderte.

Joe begrüßte mich aber mit einem Lächeln und ich joggte aufs Spielfeld. Jules würdigte mich keines Blickes.

„Los Harriers!“, feuerten uns die Zuschauer an, als der Schiedsrichter das Spiel anpfiff.

Es waren viele Zuschauer gekommen.

Unsere Mannschaft war furchtbar nervös – vielleicht spürten sie, dass Jules und ich Streit hatten. Ich vermied es, Jules Bälle zuzuspielen. Und sie verhielt sich nicht anders. Dazu kam noch ein anderes Problem.

Meine Gegenspielerin störte mich, wo sie nur konnte.

Sie zog an meinem Trikot, schubste und trat.

Fünf Minuten vor Ende der ersten Halbzeit ging plötzlich alles schief. Eine Stürmerin der Gegner spielte sich frei und bahnte sich ihren Weg an unseren Verteidigerinnen vorbei.

„Wacht auf Harriers!“, brüllte Joe von der Seite.

Doch es half nicht. Sie donnerte den Ball in unser Netz.

In der Pause hielt Joe uns eine Standpauke: „Ich will keine Lücken sehen, durch die ein Bus fahren könnte. Bhamra, Paxton, von euch erwarte ich, dass ihr endlich so spielt, als wärt ihr im selben Team. Ihr seid nämlich zufällig im selben, stimmt's?“

Wir nickten. Wir hatten beide nicht halb so gut gespielt wie sonst. Es lag an uns, wie das Spiel weiterging.

Die zweite Halbzeit begann stürmisch. Unser Durchbruch kam in der sechsundfünfzigsten Minute. Ich sah Jules im Strafraum, schnitt den Ball hoch an und flankte ihn ihr zu. Jules sprang hoch und köpfte den Ball ins Netz.

Gleichstand! Unsere Mannschaft stürzte sich auf Jules, ich stand abseits und klatschte höflich Beifall.

Jetzt wollte ich auch ein Tor schießen, aber meine Gegenspielerin bremste mich immer wieder aus.

Dann hatte ich eine gute Position. Jules schoss mir den Ball auf Hüfthöhe zu, ich fing ihn mit dem Schenkel ab und nahm ihn direkt aus der Luft. Die Zuschauer tobten vor Begeisterung, als der Ball ins Netz ging.

Die anderen Harriers-Mädchen rannten mir nach und wir fielen uns jubelnd um den Hals.

Jules stand etwas entfernt und klatschte höflich.

Nun war ich in Hochform. Zehn Minuten später die nächste Chance: Ich stürmte über das Mittelfeld nach vorn und hatte das Tor im Blick. Dann packte mich meine Gegenspielerin am Trikot und ließ mich nicht mehr los. Ich stürzte.

„Was zum Teufel machst du da?“, brüllte ich sie an, als auch schon der Schiri kam.

„Ist was, *Paki*?“, fragte das Mädchen höhnisch.

Vor Wut kochend sprang ich auf und stürzte mich auf sie.

Der Schiedsrichter pfiff und wir mussten zu ihm kommen. Ich erhielt einen Platzverweis.

Ich konnte es nicht glauben. Wie benommen ging ich in den Umkleideraum. Du dumme Kuh, sagte ich mir. Du hättest dich nicht provozieren lassen dürfen. Auch andere Schwarze in der Fußballliga müssen mit solchen Beschimpfungen klarkommen. Aber warum muss ich mich damit abfinden, dachte ich trotzig. Es war unfair. Ich war schon fertig angezogen, als die Harriers hereinkamen. Sie sangen: „*We are the champions* …“ [Wi ahr sö tschämpienz] Wir waren die Gewinner.

„Gut gespielt!“ Joe kam herein. „Ihr wart toll!“

Er kam zu mir herüber. „Was zum Teufel ist in dich gefahren, Jess?“, schimpfte er. Ich zuckte zusammen. „So etwas möchte ich nie mehr erleben. Wir können von Glück reden, dass nicht die ganze Mannschaft gesperrt wurde!“ Joe drehte sich weg.

„Aber es war doch nicht meine Schuld!“, sagte ich und ärgerte mich, dass meine Stimme zitterte.

„Klar, hab ich gesehen, dass sie dich gefoult hat. Aber du hast zu heftig reagiert. Das ist alles.“

Jetzt liefen mir Tränen über das Gesicht. „Das ist nicht alles!“, sagte ich und schluchzte. „Sie hat mich als *Paki* beschimpft. Du weißt nicht, wie sich das anfühlt, oder?“

Joe seufzte und nahm mich tröstend in den Arm.

„JESMINDER!“, rief auf einmal jemand nach mir.

Ich erschrak zu Tode. Es war Dads Stimme.

Woher wusste er, dass ich hier war?

Fortsetzung folgt

1. a) Jess fragt Tony, ob er auf sie steht.
Welche Idee hat sie? Ergänze die Sprechblase.
Tipp: Lies noch einmal Seite 72.

Dann könnten wir doch vielleicht

____

______________, was meinst du?

b) Warum lehnt Tony ihren Vorschlag ab? Ergänze.

Tony ist ______________________.
verlobt / schwul / zu jung

c) Jess ist überrascht und sagt zu Tony:

27 „Mensch, du bist Inder.“
Jess ahnt wohl, dass Tony es nicht leicht haben wird.
Was meint sie?
Schreibe auf die Linien.

____

____

2. Jess will doch heimlich beim Halbfinale des Turniers mitmachen. Wer hilft ihr? Kreuze an.

☐ Mr. Bhamra ☐ Pinky ☐ Tony

3. Im Kapitel gibt es weitere Fußball-Fachwörter.
a) Sucht diese Fußball-Fachwörter und markiert sie: **Halbfinale, Mittelfeld.**
b) Was bedeuten die Fachwörter? Sprecht darüber.

4. Stell dir vor, das Halbfinale wird im Radio übertragen. Dann sagt ein Sprecher oder eine Sprecherin, was gerade im Spiel passiert.
   a) Markiere wichtige Sätze zum Spielverlauf auf den Seiten 74, 75 und 76.
   b) Schreibe den Text für die Radio-Übertragung. Tipp: Hör dir vorher ein Fußballspiel im Radio an.

Willkommen, liebe Zuhörerinnen und Zuhörer, zum Halbfinale ... – Das Spiel ist angepfiffen, hören Sie ...? – Aber was ist da los, die Harriers wirken ...

   c) Übe deinen Text mit Betonung zu sprechen.
   d) Nimm deinen Text als Audio-Datei auf.
   e) Höre dir die Audio-Datei einer Partnerin oder eines Partners an.

5. Jess wird von ihrer Gegenspielerin als **Paki** beschimpft. Das ist **ein rassistisches Schimpfwort.** Es richtet sich gegen Menschen aus Pakistan oder Indien.
   a) Was wisst ihr über **Rassismus**? Sammelt Stichworte auf einem Blatt. Sprecht über die Stichworte.
   b) Diskutiert in der Gruppe Jess' Situation:
   - Hätte sie anders reagieren sollen?
   - Wie hätte sie noch reagieren können?

Kapitel 11: Entscheidungen

Audio

Auf der Heimfahrt fiel kein einziges Wort. Ich saß unglücklich auf dem Beifahrersitz und hatte Angst, vor dem, was jetzt passieren würde.

Mein Vater hatte mich in den Armen meines Trainers erwischt und der war ein Weißer!

Schweigend fuhr Dad das Auto in die Garage und sagte auch nichts, als wir zur Haustür gingen.

Als wir das Haus betraten, hörte ich Stimmen.

Zu meinem Entsetzen sah ich Teetu und seine Eltern auf dem Sofa sitzen. Pinky saß auf halber Höhe der Treppe in einem ihrer besten Gewänder und strahlte.

„Oh, da ist er ja!“, sagte Mum lächelnd, als Dad hereinkam. Mich würdigte sie keines Blickes.

Ich schlich mich zu Pinky auf die Treppe.

„Teetus Eltern sind hergekommen, um sich zu entschuldigen“, flüsterte Pinky aufgeregt.

„Keine Mutter kann tatenlos zusehen, wenn ihr Sohn so leidet“, hörten wir Teetus Mutter sagen.

„Oh, unsere Pinky hat sich auch tagelang in ihrem Zimmer verkrochen“, berichtete Mum.

„Wir dürfen dem Glück unserer Kinder nicht im Weg stehen“, fügte Teetus Vater hinzu.

Die Hochzeit würde also doch stattfinden. Ich war froh, dass wenigstens für Pinky die Welt in Ordnung war.

Die Stimmung war bestens, als sich Teetu und seine Eltern verabschiedeten.

„Denen werden wir eine Hochzeitsfeier ausrichten, die sie nie vergessen werden!“, verkündete Mum, als sie fort waren. Und sofort ging das Organisieren los.

Dad telefonierte, um den Saal für die Feier zu buchen. Als Termin kam nur der Tag des Endspiels infrage.

„Aber Dad ...“, begann ich.

„Schweig!“, sagte Dad streng. „Denk an deine Schwester. Sie geht jetzt vor.“ Ich schluckte.

Das Endspiel sollte mein allerletztes Spiel sein. Es wäre schließlich nur ein einziger Tag vom Rest meines Lebens! Danach würde ich nur noch das tun, was meine Eltern wollten und eine brave Tochter sein. Doch mein Plan scheiterte. Pinkys Hochzeit zu verpassen, war undenkbar.

Es war der Tag vor der Hochzeit. Mein Vater hängte Leuchtgirlanden am Haus auf. Ich hielt die Leiter.

Er hatte meiner Mutter nicht von Joe und mir erzählt, aber er sprach noch immer nicht mit mir. Mum und Pinky bemerkten es nicht, sie waren zu sehr mit den Vorbereitungen beschäftigt.

Während ich an der Leiter stand, sah ich plötzlich Jules. Sie steuerte direkt auf mich zu und wirkte verlegen.

„Ich muss mit dir reden“, sagte Jules und sah aus, als sei ein Gespräch mit mir schlimmer, als sich alle Zähne ziehen zu lassen.

Ich führte Jules in mein Zimmer.

„Wir haben dich beim Training vermisst“, begann Jules. „Besonders Joe.“ Wir wurden beide rot. „Er hat mir erzählt, dass dein Vater dich nach dem Spiel abgeholt hat. Er macht sich Sorgen, dass du seinetwegen noch größere Probleme mit deinem Vater bekommen hast.“

Offenbar hatten sich Joe und Jules wieder versöhnt und sprachen wieder miteinander.

„Ich habe jetzt richtige Probleme“, sagte ich. „Dad redet kein Wort mehr mit mir. Er wird mir nie im Leben erlauben, jemals wieder bei den Harriers zu spielen.“

Jules blickte mich flehend an und sagte: „Aber du kannst das Finale nicht sausen lassen, Jess! Joe hat gesagt, dass der amerikanische Talentscout kommen wird. Er hat uns schon in Deutschland zugeschaut, aber das weiß ich selbst erst seit heute Früh.“

Aha, deshalb redete sie also wieder mit mir! Sie dachte nur an ihre Fußballkarriere.

„Ich werde nicht spielen“, sagte ich energisch. „An dem Tag heiratet meine Schwester.“

Angestrengt dachte Jules nach und sagte: „Hm, könntest du nicht vielleicht für ein paar Stunden verschwinden?“

Ich schüttelte den Kopf. „Das verstehst du nicht.“

Ich hätte ihr einen langen Vortrag über indische Kultur halten müssen, damit sie es versteht.

„Du willst das Fußballspielen also aufgeben! Und was wirst du als Nächstes aufgeben?“ Jules sprang auf.

„Du machst es nicht besser!“ So langsam wurde ich echt sauer. „Du bist doch nur gekommen, weil du mich brauchst, wenn dieser Scout kommt.“

„Damit du es weißt“, fauchte Jules und ging zur Tür, „ich bin gekommen, weil Joe sich Sorgen gemacht hat! Aber ich sage ihm, dass er damit seine verdammte Zeit verschwendet!“ Danach rannte sie aus dem Haus.

Ich fühlte mich elend. Für Jules lief alles bestens, bei mir lief gar nichts. Morgen würde ich meine Abschlussnoten erfahren. Wenn sie gut waren, würde ich Jura studieren. Mein weiteres Leben war beschlossene Sache.

Meine Mum stand betend vor dem Bild von Guru Nanak und hielt den Umschlag mit meinen Prüfungsergebnissen umklammert. Erst danach reichte sie ihn mir.

Das Ergebnis war so ausgefallen, wie Mum und Dad es von mir erwartet hatten: nur Einser und Zweier.

Endlich schien mein Dad mal wieder stolz auf mich zu sein. „Jetzt kannst du eine großartige Anwältin werden“, sagte Mum und strahlte.

Ich nickte stumm und starrte auf den Boden.

Im Laufe des Tages trafen immer mehr Verwandte für die Hochzeit am nächsten Tag ein.

Eine ältere Verwandte hatte ihren Enkel dabei, der mir oft hinterhersah, auf einmal zwinkerte er mir sogar zu.

Ich runzelte die Stirn und ging ihm aus dem Weg. Er sollte sich nicht falsche Hoffnungen machen.

Als ich später dringend etwas frische Luft brauchte und zur Haustür ging, erstarrte ich. Dad stand an der Gartentür und blickte Joe nach, der unsere Auffahrt hinunterging.

„Dad! Was hat Joe hier gemacht?“

Dads Augen funkelten vor Zorn. „Ruinier dir nicht deine Zukunft!“, sagte er und verschwand im Haus.

Ich rannte Joe nach. „Warte!“, rief ich.

Joe drehte sich um und sah mich an.

„Es tut mir leid, dass ich nicht am Endspiel teilnehmen kann!“, sagte ich.

„Nein, mir tut es leid, Jess.“ Er lächelte. „Ich habe fest damit gerechnet, dich eines Tages für England spielen zu sehen. Jules steht diese Möglichkeit noch offen.“

„Der Scout kommt. Das hat sie mir erzählt. Tut mir leid, dass ich sie im Stich lassen muss“, sagte ich.

„Ich habe den Scout auch deinetwegen eingeladen. Er interessiert sich für euch beide. Das habe ich gerade versucht, deinem Vater klarzumachen.“

„Er interessiert sich auch für *mich*?“, fragte ich aufgeregt.

„Oh, Joe, warum tust du mir das an?“

Ich sah Joe direkt in die Augen. „Immer wenn ich mir das Fußballspielen aus dem Kopf geschlagen habe, tauchst du auf und tust so, als wäre alles so einfach ...“

Aber für mich war alles entschieden! Mit Schrecken wurde mir bewusst, dass das hier ein Abschied war.

Fortsetzung folgt

1. **Schweigend fährt der Vater mit Jess nach Hause. Dort gibt es eine Überraschung. Welche? Kreuze den richtigen Satz an.**

   ☐ Die Eltern haben eine Reise nach Indien gebucht.

   ☐ Pinky und Teetu dürfen doch heiraten.

   ☐ Die Eltern erlauben Jess, Fußball zu spielen.

2. **Teetus Vater möchte dem Glück seines Sohnes nicht im Wege stehen, deshalb hat er seine Meinung geändert. Wenn Jess' Eltern auch so denken würden, was müssten sie erlauben?**

   Die Eltern müssten ____________________

   ____

   ____

3. **Jess ist hin- und hergerissen zwischen dem Wunsch, Fußball zu spielen, und den Erwartungen ihrer Eltern:**
   - Male grün aus, was Jess sich wünscht.
   - Male rot aus, was die Eltern erwarten.

4. Jules kommt zu Jess. Ergänze die Sätze.

Streit – Jess – Jules

_____________ möchte, dass Jess zum Endspiel kommt.

_____________ versucht zu erklären, warum das nicht geht. Die beiden geraten in _____________ .

5. Welche Sätze sind richtig, welche falsch? Kreuze an.

	richtig	falsch
Die Mannschaft hat Jess vermisst.	☐	☐
Joe macht sich Sorgen um Jess.	☐	☐
Das Endspiel des Turniers findet am Tag von Pinkys Hochzeit statt.	☐	☐
Der Talentscout kommt nur für Jules.	☐	☐
Joe glaubt an Jess' Fußballtalent.	☐	☐
Joe wollte dem Vater erklären, dass der Talentscout auch für Jess kommt.	☐	☐

6. Jess kann sich nicht für den Fußball entscheiden.
Was bedeutet das auch? Male das passende Herz rot aus.

Kapitel 12: Ein großer Tag

Audio

Alle klatschten Beifall, als Pinky durch die Tür trat. In ihrem rot-goldenen Sari sah sie aus wie die perfekte indische Braut. Wenig später machten wir alle uns auf den Weg zur Zeremonie im Tempel. Teetu tauchte auf dem Rücken eines weißen Pferdes auf, wie es sich für einen indischen Bräutigam gehört.

Im Tempel verneigten wir uns der Reihe nach vor einem Bild von Guru Granth Sahib und dem Heiligen Buch. Ich warf einen kurzen Blick auf meine Uhr. In ein paar Stunden war Anpfiff des Endspiels. Ich wünschte mir nichts sehnlicher, als dabei zu sein! Da merkte ich, dass mein Dad mich beobachtete, und bemühte mich um ein strahlendes Lächeln. Ich musste mich sehr anstrengen, um glücklich auszusehen. Nach Gebeten und Gesängen erhoben sich Teetu und Pinky und schritten viermal um Guru Granth herum, so war es vorgeschrieben. Draußen vor dem Tempel überschütteten wir das frisch verheiratete Paar mit Blütenblättern. Es war ein Traumwetter, um Fußball zu spielen, dachte ich mit wehmütigem Blick auf den blauen Himmel. Tony, der neben mir stand, sah mich besorgt an. „Kannst du dich damit abfinden, das Endspiel zu verpassen, Jess?“, fragte er. Ich schaute zu meinen Eltern hinüber. Sie hatten nur Augen für Pinky und Teetu und lächelten stolz. Dann blickte ich wieder zu Tony und nickte. Was blieb mir auch anderes übrig? Im Empfangssaal gab es Getränke und ein Festessen. Später sollte eine indische Band spielen. Ich schaute zum hundertsten Mal auf meine Uhr. Gleich ging das Spiel los! Tony packte mich am Arm und zerrte mich zum Hinterausgang. „Wenn wir gleich losfahren, schaffst du es vielleicht noch bis zum Anpfiff!“, sagte er.

„Spinnst du? Ich kann nicht. Alle sind so glücklich heute. Ich will ihnen das Fest nicht verderben“, erwiderte ich. „Was willst du nicht verderben?“, hörte ich die Stimme meines Vaters. Er stand direkt hinter mir. „Pinky ist so glücklich heute. Und du siehst aus, als wärst du auf der Beerdigung deines Vaters“, sagte er besorgt. „Tut mir leid, Dad!“, sagte ich. Ich ließ den Kopf hängen. „Wenn es die einzige Möglichkeit ist, auch dich heute glücklich zu sehen, dann geh zu dem Spiel!“, sagte Dad. Ich umarmte ihn stürmisch. „Spiel gut und mach uns keine Schande“, flüsterte er. Tony und ich rasten los, um meine Sportsachen zu holen.

Joe strahlte, als er mich sah. „Wärm dich auf, Jess!“, sagte er. „Wir sind eins zu null im Rückstand!“ Es war die zwanzigste Spielminute. „Hey, bin ich froh, dass du da bist!“, brüllte Jules und fiel mir um den Hals, als ich eingewechselt wurde. Heute würden wir *zusammenspielen*. Wir spielten besser denn je. Unsere Pässe waren schnell und genau. Wir fegten nur so über den Platz. Die andere Mannschaft wurde unsicher. Ich passte Jules den Ball zu. Sie stoppte ihn mit der Brust und verwandelte ihn sicher zum eins zu eins. Doch die Gegnerinnen kämpften weiter. In der zweiten Halbzeit hatten sie viele Torchancen. Ich dachte schon, wir müssten in die Verlängerung gehen, da wurde ich gefoult. Wegen des Fouls bekamen wir einen Freistoß. Der perfekte Ort für einen Schuss nach Beckham-Art. Jules grinste mich an. „Er gehört dir, Jess!“, rief sie.

Ich nahm einen kurzen Anlauf und schoss mit dem rechten Innenfuß. Der Ball flog genau so, wie ich es geplant hatte, nämlich seitlich an der Mauer der Gegnerinnen vorbei. Die Torwartin hatte keine Chance. Tor! Ich hatte den Ball geschossen wie Beckham seine Bananenflanken! Wir gewannen das Spiel und holten den Pokal. In der Umkleide zog ich mir wieder meinen Sari an. Joe und ein kleiner Mann mit einer Baseballmütze [Bäisboal...] warteten draußen auf Jules und mich. Der amerikanische Talentscout wollte uns *beide* für eine kostenfreie Ausbildung in Kalifornien vorschlagen. Dort gibt es ein super Frauen-Team. Wir könnten Profispielerinnen werden und hätten die Chance, eine Menge Geld zu verdienen … Ich warf einen kurzen Blick auf Joe. Er lächelte, doch seine Augen sahen traurig aus. Ohne ihn fortzugehen, konnte ich mir auf einmal fast nicht vorstellen. Doch es ging um meine Zukunft. Vor lauter Aufregung wurde mir ganz schwindelig. Joe ging mit dem Talentscout an die Bar. „Wir beide, Jules!“, freute ich mich. „Das ist ja das Tolle!“, rief Jules und küsste mich auf beide Wangen. In der Nähe standen Jules Eltern. Doch Jules Mutter sah gar nicht glücklich aus. Was war denn los? Ahnte sie schon, dass Jules bald nach Amerika ging? „Komm doch noch zur Hochzeitfeier, wenn du fertig bist. Dann können wir richtig feiern“, lud ich Jules ein. „Au ja, das wäre toll!“ Jules freute sich.

Niemand hatte mich bei der Feier vermisst. Ich lief zu Dad und umarmte ihn. „Wir haben gewonnen“, flüsterte ich und er strahlte. Dann wurde ich in die tanzende Menge gezogen. Am Rand stand Tony und sprach mit einem hübschen indischen Jungen, der ihm immer wieder zulächelte. Vielleicht gab es ja für uns beide ein Happy End.

Als letzte Zeremonie wurde Pinky ihrer neuen Familie übergeben. In diesem Moment kamen Jules und ihre Mum. Mrs. Paxton fing sofort an, mich zu beschimpfen:

„Du tust so, als ob du anständig bist, aber ich weiß genau, dass du meine Tochter geküsst hast!“

Ich schnappte nach Luft und Jules wurde feuerrot.

„Und nimm sofort deine Füße aus meinen Schuhen, du Lesbe!“, kreischte Mrs. Paxton mit Blick nach unten.

Lesbe? Sie dachte, Jules und ich seien lesbisch!

Da kam Pinky und funkelte Mrs. Paxton zornig an. „Heute ist mein Hochzeitstag! Wenn Sie bitte so freundlich wären, nicht länger zu stören!“, sagte sie.

Ich zog die Schuhe aus und gab sie Mrs. Paxton.

Verlegen zog Jules ihre Mutter fort.

„Was zum Teufel war das?“, fragte Pinky aufgebracht.

„Keine Ahnung, was sie meint“, sagte ich.

Pinky sah mich an. „Jess, willst du das nicht auch alles haben?“ Sie zeigte auf ihren prachtvollen Hochzeits-Sari und den Goldschmuck. „Glaub mir, das ist der schönste Tag im Leben einer Frau“, sagte Pinky.

„Ich will *mehr* als das“, sprudelte es aus mir heraus. „Jules und ich können nach Amerika gehen!“ Sollte ich nicht zumindest *versuchen*, meine Eltern zu überzeugen?

Fortsetzung folgt

1. Pinky und Teetu heiraten nach indischer Tradition.
Wie heißt das besondere Gebäude, in dem sie heiraten?
Schreibe auf die Linie.

l e m T p e der ____________________

2. Die Hochzeit folgt einer **Zeremonie**, also
einem besonderen Ablauf. Was passiert nacheinander?
Nummeriere die Sätze in der richtigen Reihenfolge.
Tipp: Lies noch einmal die Seiten 86 und 87.

☐ Draußen vor dem Tempel wird das frisch verheiratete Paar mit Blütenblättern überschüttet.

☐ Alle klatschen, als Pinky aus der Haustür tritt.

☐ Nach Gebeten und Gesängen erheben sich Teetu und Pinky und schreiten viermal um Guru Granth herum, so ist es vorgeschrieben.

☐ Teetu taucht auf dem Rücken eines weißen Pferdes auf, wie es sich für einen indischen Bräutigam gehört.

☐ Im Tempel verneigen sich alle Gäste vor dem Bild von Guru Granth Sahib und dem Heiligen Buch.

3. Alle sind glücklich,
nur Jess nicht.
Woran muss sie
die ganze Zeit denken?
Zeichne in die Denkblase.

4. Jess darf doch zum Endspiel.
   a) Warum erlaubt ihr Vater es nun doch?
      Schreibe auf die Linien.
      Tipp: Lies noch einmal Seite 88.

   b) Als Jess kommt, läuft das Endspiel schon 20 Minuten.
      Wie steht es? Trage es auf der Anzeigetafel ein.

Hounslow Harriers		Gast
	:	

   c) Jules schießt den Ausgleich. Wie holt Jess danach den Sieg? Streiche die falschen Wörter durch.

Sie wird gefoult / angespielt und bekommt

einen Freistoß / Elfmeter.

Jess schießt den Ball ins Tor / Aus.

5. Als Jess glücklich zur Hochzeit zurückkommt, taucht Mrs. Paxton dort mit Jules auf.
   Was denkt sie fälschlicherweise von Jules und Jess?
   Schreibe die Antwort mit eigenen Worten auf.

6. Der Talentscout war beim Endspiel. Welche Möglichkeit bekommen Jules und Jess durch ihn? Markiere auf Seite 89.

7. Jess möchte ihre Eltern überzeugen, dass sie nach Amerika gehen darf. Wie könnte sie argumentieren? Wähle eins der drei Argumente aus. Kreuze es an. Du kannst auch ein eigenes Argument aufschreiben.

- ☐ So eine Chance bekommt man nur einmal. Ihr müsst auch nichts bezahlen!
- ☐ Ich heirate jetzt sowieso noch nicht. Da könnt ihr mich auch gehen lassen!
- ☐ Wenn ihr mich nicht gehen lasst, dann werde ich trotzdem nicht Jura studieren!

8. Im Kapitel gibt es weitere Fußball-Fachwörter.
   a) Sucht diese Fußball-Fachwörter und markiert sie: **Verlängerung, Foul, Freistoß, Bananenflanke**.
   b) Was bedeuten die Fachwörter? Sprecht darüber.

9. Pinky und Jess haben verschiedene Vorstellungen von ihrem Leben. Warum ist das so? Und warum ist Toleranz so wichtig? Sprecht darüber.

Kapitel 13:
Die Zukunft beginnt

Audio

Die Hochzeit war vorbei und Pinky war fort. Tony half beim Aufräumen. „Wie soll ich es ihnen sagen, Tony?“ Ich lief unruhig hin und her. „Ich muss! Sonst verbringe ich den Rest meines Lebens in irgendeinem staubigen Gerichtssaal und langweile mich zu Tode!“

Tony überlegte angestrengt. Dann zog er mich ins Wohnzimmer zu meinen Eltern und seinen Eltern.

„Wir müssen euch etwas sagen!“

Oh nein, dachte ich entsetzt.

„Ihr wisst ja, dass Jess und ich schon ewig befreundet sind, tja und deshalb würden wir jetzt gern euren Segen haben. Wir wollen uns verloben!“

Alle waren begeistert und gratulierten uns. Ich stand wie betäubt da und wusste nicht, was ich sagen sollte.

„Allerdings nur unter einer Bedingung!“ Tony wurde laut. „Ich möchte, dass Jesminder zuerst eine Ausbildung machen kann. Eine Ausbildung ihrer Wahl.“

Ich klammerte mich an Tonys Hand. So sah also Tonys Plan aus, mir den Weg nach Amerika zu ermöglichen. Mum und Dad würden mich sehr viel eher gehen lassen, wenn ich mit einem netten indischen Mann verlobt war. Eine geniale Idee!

„Selbstverständlich, mein Sohn!“, sagte mein Vater begeistert. „Das will ich auch!“

Ich konnte es nicht fassen, dass Tony bereit war, das für mich zu tun. Ich würde meine Eltern wieder anlügen. Und wie würde es weitergehen? Irgendwann müssten wir uns trennen und das dann erklären. In meinem Kopf war Chaos. Dann traf ich eine Entscheidung: Schluss mit all den Geheimnissen und Lügen!

„Mum, Dad! Tony hat das nur gesagt, weil er mir helfen will. Wir wollen nicht heiraten.“

Alle schauten mich verwirrt an.

„Wisst ihr, ich habe heute das Endspiel mitgespielt und wir haben gewonnen. Ich wollte nicht hingehen, doch dann hat Dad es mir erlaubt!“

Mum drehte sich fassungslos zu Dad. Dem war das ziemlich peinlich.

„Es war super. Ich habe so gut gespielt, wie nie zuvor. Ich habe nie darum gebeten, gut Fußball zu spielen ... Guru Nanak muss mich mit diesem Talent gesegnet haben. Es war ein Talentscout aus Amerika da. Er hat mir eine Fußball-Ausbildung angeboten, sie kostet nichts. So kann ich professionell Fußball spielen. Das ist eine einmalige Gelegenheit, die ich mir auf keinen Fall entgehen lassen will ...“. Ich schluckte. „Und wenn ich euch nicht endlich sagen darf, was ich wirklich möchte, dann werde ich im Leben niemals glücklich sein, was immer ich auch tue!“

Mum schimpfte mit Dad, der holte sich etwas zu trinken. Es herrschte eine Weile lang Schweigen.

„Als diese verdammten englischen Kricketspieler mich damals wie einen Hund aus ihrem Club geworfen haben, ließ ich mir nichts anmerken“, sagte Dad dann ruhig.

„Doch nicht nur das, ich ließ es mir gefallen! Ich schwor mir, nie wieder zu spielen. Und wer hat darunter gelitten? Ich – und sonst niemand!“ Ich begann zu hoffen.

„Ich will nicht, dass Jess genauso leidet. Ich will, dass sie kämpft und gewinnt! Sie ist großartig, einfach großartig. Ich glaube nicht, dass irgendjemand das Recht hat, sie davon abzuhalten ...“

Ich fiel Dad um den Hals. Er lächelte und sagte: „Zwei Töchter, die am selben Tag das große Glück finden. Was könnte sich ein Vater mehr wünschen?“

„Joe! Joe!“ Ich rannte im Sari über den Sportplatz. „Ich darf gehen! Sie lassen mich nach Amerika gehen!“

Ich warf mich in seine Arme und er drückte mich fest an sich. „Das ist ja irre, Jess!“, rief er.

Was ich dann sagen wollte, fiel mir unglaublich schwer.

Ich wich von ihm zurück. „Joe“, begann ich unsicher, „für meine Eltern ist es ein riesiger Schritt, mich nach Amerika gehen zu lassen.“ Ich konnte Joe nicht in die Augen sehen. „Ich weiß nicht, ob sie es verkraften würden, wenn ich ihnen erzähle, dass ich mit dir zusammen bin.“

Einen Moment lang schwieg Joe, dann räusperte er sich.

„Nun ja, jetzt, wo du nach Amerika gehst, macht eine Beziehung sowieso keinen Sinn, oder?“

Ich schüttelte stumm den Kopf. Das war es also.

Wir umarmten uns ein letztes Mal.

Auch wenn es die richtige Entscheidung war, tat es ganz schön weh.

Wir waren am Flughafen. Mum drückte mir ein Bild von Guru Nanak in die Hand.

„Das musst du neben dein Bett stellen. Und ruf nach der Landung Onkel Papu in Kanada an. Ein Glück, dass du einen Verwandten in der Nähe hast“, sagte Mum unter Tränen.

„Geh mit unserem Segen“, sagte Dad. „Und ruf uns jede Woche an.“

Ich umarmte Mum und Dad ein letztes Mal. Es gab kein Zurück mehr. Endlich ging es nach Amerika!

„Jess!“, hörte ich plötzlich Joes Stimme.

Er kam durch den Wartesaal auf mich zugerannt.

Ohne lange zu überlegen, lief ich ihm entgegen.

„Hey, was machst du denn hier?“, fragte ich.

„Ich wollte dir noch sagen, dass ich es abgelehnt habe, die Männer zu trainieren. Ich werde Vollzeittrainer der Frauenmannschaft.“ Er zwinkerte mir zu. „Wenn du dann wiederkommst, nehme ich dich unter Vertrag, wenn du uns bis dahin nicht zu teuer geworden bist.“

Dann wurde er ganz ernst. „Jess, ich kann dich nicht fliegen lassen, ohne dir zu sagen …“

„Was?“, fragte ich gespannt.

„Ich finde, dass wir trotz Entfernung und der Einstellung deiner Eltern eine Beziehung haben könnten.“

Mein Herz schlug wild. Es fühlte sich an, als ob wir beide allein auf Welt waren. Ich hob den Kopf und küsste ihn.

„Oh, Gott!“, kreischte Jules genau in diesem Moment hinter mir. „Da ist Beckham! Jess, schau, mal! Er ist es – Becks! Wenn das kein Zeichen ist!“

Ich löste mich von Joe und drehte mich um. Ha, alle sahen zu Beckham. Niemand hatte den Kuss bemerkt.

Ich strahlte Joe an. Natürlich hatte Jules Recht. Das konnte nur ein Zeichen sein.

„An Weihnachten bin ich wieder da. Dann werden wir mit meinen Eltern reden“, flüsterte ich ihm zu.

Ich sah in Joes Augen und war glücklich.

Dann ging es los. „Geschafft!“, sagte Jules strahlend.

„Ja, geschafft! Amerika, wir kommen!“, sagte ich.

Jules und ich gingen durch die Sicherheitskontrolle … in unsere Zukunft.

Ende

1. **Tony will Jess heiraten. Warum?**
   Verbinde so, dass die Aussage stimmt.

Tony will Jess heiraten,	weil sich das seine Mutter wünscht.
	weil er sich in sie verliebt hat.
	damit sie eine Ausbildung ihrer Wahl machen kann.

2. **Jess will ihre Eltern nicht weiter anlügen.**
   Wie fühlt sie sich nach ihrer Entscheidung wohl?
   Markiere die passenden Adjektive.

traurig selbstsicher befreit belastet stark

3. **Der Vater hat seine Einstellung gegenüber Jess' Wunsch, Fußball zu spielen, geändert.**
   Was sagt er? Ergänze die Sprechblase.
   Tipp: Lies noch einmal Seite 96.

Ich will, dass sie kämpft und ______________________

____

____

____

____ .

4. Was wünschst du Jess für die Zukunft? Schreibe in den Wunschstern. Tipp: Schneide aus Papier einen Wunschstern aus und schreibe Wünsche für dich selbst hinein.

5. Wer hat „Kick it like Beckham“ geschrieben?
   a) Lies den Text über die Autorin. Audio

Über die Autorin

Narinder Dhami lebt in England. Sie hat einen indischen Vater und eine englische Mutter. Die Autorin war früher Englischlehrerin. Ihr Buch „Kick it like Beckham“ wurde sehr erfolgreich. Es gab aber zuerst den Film. Das Buch entstand nach dem Film. Sobald Narinder Dhami von dem Film gehört hatte, wollte sie das Buch dazu schreiben. Dann hat sie das Drehbuch gelesen und wollte es umso mehr. Denn sie wuchs ähnlich wie Jesminder auf, ihre Geschichte hat sie begeistert.

   b) Markiere wichtige Wörter im Sachtext.
   c) Beantworte die Fragen. Schreibe die Fragen und die Antworten in dein Heft:

- Wieso kennt sich die Autorin mit den Gefühlen und dem Leben indischer Menschen in England so gut aus?
- Wie ist das Buch „Kick it like Beckham“ entstanden?

Haltepunkt: gemeinsam arbeiten

1. **Jess darf nach Amerika gehen:**
   - Was wünscht sie sich für ihre Zukunft?
   - Und was wünschen ihr die anderen, zum Beispiel die Mutter, der Vater und Joe?

2. **a) Baut nun ein passendes Standbild zur Situation. Bildet dazu eine Vierer-Gruppe.**
   b) Entscheidet, wer wen darstellt: Jess, Vater, Mutter, Joe.
   - Wie stehen die Eltern, Jess und Joe zueinander?
   - Wie ist ihre Körperhaltung?
   - Wie ist ihr Gesichtsausdruck?

   c) Baut das Standbild auf.
   d) Eine oder einer macht Fotos vom Standbild. Druckt das beste Foto aus.

3. **Was könnten die Eltern, Jess und Joe in der Situation sagen? Schreibt für jeden ein Schild.**
   Zum Beispiel: *Ich bin Jess' Vater, ich wünsche …*

4. **a) Hängt die Fotos und die Schilder in der Klasse auf: Passen sie zur Situation? Warum oder warum nicht?**
   b) Vergleicht die Fotos und Schilder mit denen zu Kapitel 1: Was ist anders? Was ist gleich?

5. **Für Jess hat sich ihr größter Wunsch erfüllt. Was hat Jess dabei geholfen?**

Ziel nicht aus den Augen verlieren – Unterstützung – …

6. Informiert euch genauer zum Thema Frauenfußball.

a) Bildet Gruppen und wählt ein Thema aus.

b) Recherchiert im Internet und sammelt interessante Informationen. Ihr könnt auch Fragen beantworten oder Steckbriefe schreiben.

- Gruppe 1: Die Anfänge des Frauenfußballs

Wann haben Frauen angefangen, Fußball zu spielen? – Wann und wo wurde das erste Frauen-Fußballteam gegründet? – ...

- Gruppe 2: Verbot von Frauenfußball

Wann war Frauenfußball verboten? – Warum? – ...

- Gruppe 3: Weltmeisterschaften im Frauenfußball

Wann fand die erste Weltmeisterschaft statt? – In welchem Jahr hat die deutsche Nationalmannschaft gewonnen? – ...

- Gruppe 4: Fünf der weltbesten Fußballerinnen in Steckbriefen

Name: ... – Sie spielt für diese Mannschaft: ... – ...

c) Gestaltet Plakate. Ihr könnt auch passende Bilder dazukleben.

d) Präsentiert eure Plakate.

Fachwörter-Liste zum Thema „Fußball“

die Abwehr: Die Abwehr einer Mannschaft verteidigt das eigene Tor und versucht, der gegnerischen Mannschaft den Ball abzunehmen.

die Bananenflanke: Diese Flanke heißt so, weil ihre Flugbahn so krumm wie eine Banane aussieht.

dribbeln: Dabei führt man beim Laufen den Ball am Fuß mit.

das Elfmeterschießen: Wenn ein Spiel unentschieden endet, es aber einen Sieger geben muss, wird Elfmeterschießen gemacht. Aus jeder Mannschaft schießen Spielerinnen oder Spieler abwechselnd aus elf Metern Entfernung auf das Tor. Die Mannschaft mit den meisten Toren gewinnt.

flanken / die Flanke: Schusstechnik mit dem vorderen Innenfuß. Dabei fliegt der Ball weit in einer Kurve.

foulen / das Foul: Den anderen mit Gewalt festzuhalten, zu schubsen oder zu Fall bringen, gilt als Foul.

der Freistoß: Wer gefoult wurde, kann einen Freistoß bekommen. Der Ball wird dann von einer bestimmten Stelle geschossen, ohne dass ein Gegenspieler oder eine Gegenspielerin in der Nähe stehen darf.

das Halbfinale: Bei einem Turnier treten viele Mannschaften gegeneinander an. Im Halbfinale sind es dann noch vier Mannschaften. Sie spielen gegeneinander um die Teilnahme am Endspiel.

die Halbzeit: Ein Fußballspiel dauert 90 Minuten. Eine Halbzeit ist 45 Minuten lang. Dann gibt es eine Pause. Nach der Pause beginnt die zweite Halbzeit.

das Mittelfeld: Eine Mannschaft besteht aus Mittelfeld, Verteidigung und Sturm. Im Mittelfeld wird der Ball an die Stürmer weitergepasst.

passen / Pässe spielen: So wird das Zuspielen des Balls im Fußball genannt.

der Profispieler / die Profispielerin: Er oder sie spielt von Beruf Fußball und bekommt Lohn dafür.

der Sturm: Eine Mannschaft besteht aus Sturm, Mittelfeld und Verteidigung. Wer im Sturm spielt, versucht, an der gegnerischen Verteidigung vorbei Tore zu schießen.

der Übersteiger: Dabei bewegt man den Fuß schnell abwechselnd links und rechts um den Ball herum, ohne ihn zu berühren.
Das ist ein besonderer Trick, um die Gegner oder die Gegnerinnen zu verwirren.

die Verteidigung: Eine Mannschaft besteht aus Verteidigung, Mittelfeld und Sturm. Die Verteidigung spielt in der Nähe des eigenen Tors und muss verhindern, dass die Gegnerinnen oder Gegner ein Tor schießen.

die Verlängerung: Wenn ein Spiel nach 90 Minuten unentschieden steht, kann es verlängert werden.
Es wird um zweimal 15 Minuten verlängert.